社科博士论文文库
Social Sciences Doctoral Dissertation Library

Statistical Research on
Development Level and Trade Effect of
Cross-Border E-Commerce

跨境电子商务发展水平测度及贸易效应研究

廖璇 著

社科博士论文文库

总　序

　　博士研究生培养是一个人做学问的重要阶段。有着初生牛犊不怕虎的精神和经邦济世雄心的博士研究生,在读博期间倾注大量时间、心血学习,接触了广泛的前沿理论,其殚精竭虑写就的博士论文,经导师悉心指导,并在专家和答辩委员会修改意见下进一步完善,最终以学术性、创新性和规范性成就其学术生涯的首部精品。每一位有志于从事哲学社会科学研究的青年科研人员,都应将其博士学位论文公开出版;有信心将博士论文公开出版,是其今后能做好学问的底气。

　　正因如此,上海社会科学院同其他高校科研机构一样,早在十多年前,就鼓励科研人员出版其博士论文,连续出版了"新进博士文库""博士后文库"等,为学术新人的成长提供了滋养的土壤。基于此,本社拟以文库形式推出全国地方社会科学院及高校社科领域的青年学者的博士论文,这一办法将有助于哲学社会科学领域的优秀成果脱颖而出。根据出版策划方案,本文库收录的作品具有以下三个特点:

　　第一,较高程度掌握学科前沿动态。入选文库的作者以近三年内毕业的博士为主,这些青年学子都接受过严格的学术训练,不仅在概念体系、研究方法和研究框架上具有相当的规范性,而且对研究领域的国内外最新学术成果有较为全面的认知和了解。

　　第二,立足中国实际开展学术研究。这些论文对中国国情有相当程度的把握,立足中国改革开放过程中的重大问题,进行深入理论建构和学术研究。既体现理论创新特色,又提出应用对策建议,彰显了作者扎实的理论功底和把论文写在祖国大地上的信心。对构建中国学术话语体系,增强文化自信和道路自信起到了积极的推进作用。

第三,涵盖社科和人文领域。虽是社科博士论文文库,但也收录了不少人文学科的博士论文。根据策划方案,入选论文类别包括当代马克思主义、经济、社会、政治、法律、历史、哲学、文学、新闻、管理以及跨学科综合等,从文库中得以窥见新时代中国哲学社会科学研究的巨大进步。

这套文库的出版,将为理论界学术新人的成长和向理论界推荐人才提供机会。我们将以此为契机,成立学术委员会,对文库中在学科前沿理论或方法上有创新、研究成果处于国内领先水平、有重要理论意义和现实意义、具有较好的社会效益或应用价值前景的博士论文予以奖励。同时,建设上海社会科学院出版社学者库,不断提升出版物品质。

对文库中属全国优秀博士论文、省部级优秀博士论文、校级优秀博士论文和答辩委员会评定的优秀博士论文及获奖的论文,将通过新媒体和新书发布会等形式,向学术界和社会加大推介力度,扩大学术影响力。

是为序!

上海社会科学院出版社社长、研究员

2024 年 1 月

目 录

引 言 …………………………………………… 1

第一章 绪论

第一节 研究背景与意义 ………………………… 7
第二节 概念界定和文献综述 …………………… 11
第三节 研究方法与研究框架 …………………… 28
第四节 本文的创新点与不足之处 ……………… 31

第二章 跨境电子商务贸易效应的理论基础

第一节 中国跨境电子商务发展概况 …………… 37
第二节 跨境电子商务与传统进出口贸易的
　　　　比较 …………………………………… 58
第三节 跨境电子商务影响进出口贸易的理论
　　　　分析 …………………………………… 63

第三章 国内外跨境电子商务统计理论与测度实践研究

第一节 国外跨境电子商务统计理论与测度实践 …… 80

第二节 国内跨境电子商务统计理论与测度
实践 ·················· 128
第三节 国内外跨境电子商务统计理论与测度
实践比较 ·················· 160

第四章 | 跨境电子商务发展水平的测度

第一节 综合评价指标体系的构建 ·················· 167
第二节 中国跨境电子商务发展水平的测度 ·················· 172
第三节 本章小结 ·················· 180

第五章 | 跨境电子商务贸易效应的实证研究

第一节 模型构建 ·················· 183
第二节 计量模型估计与结果分析 ·················· 187
第三节 本章小结 ·················· 201

第六章 | 主要结论与政策建议

第一节 主要结论 ·················· 207
第二节 政策建议 ·················· 210

参考文献 ·················· 215

引　言

近年来,我国跨境电子商务规模快速扩大,成为外贸增长的突出亮点。但在高速发展的同时,跨境电子商务统计与测度工作滞后、统计体系仍不完善,目前全球范围内仍缺乏权威、有效、系统的统计数据支撑相关理论和应用研究。由于跨境电子商务发展呈现金额小、批次多、碎片化等特点,且商业模式层出不穷,对跨境电子商务开展标准化统计一直是个国际难题。中国海关总署、商务部、各跨境电子商务试点城市及综合试验区、商业研究机构等发布的统计数据均不能准确、全面地反映跨境电子商务行业的实际发展情况,关于各省份层面的官方数据更是缺乏。当前,学术界尚未有已发表的文献对国内外跨境电子商务的统计理论与测度实践展开研究,对于跨境电子商务的统计理论基础、电子商务与跨境电子商务在统计理论与测度实践之间的关系的研究成果甚少。鉴于此,本书将研究的重点放在梳理和总结国内外跨境电子商务的统计理论与测度实践,为完善中国跨境电子商务统计与测度工作提供参考和借鉴,在此基础上构建一套能科学、全面、客观评价跨境电子商务发展水平的综合评价指标体系,测度中国跨境电子商务的发展水平,进一步研究中国跨境电子商务发展水平的贸易效应。

首先,本书在系统性文献综述的基础上,对比研究了跨境电子商务这一新型贸易方式与传统一般贸易方式的异同,阐述了跨境电子商务对国际贸易理论,尤其是新新贸易理论的前提假设和主要命题产生的挑战及影响,并从"贸易去中介化""交易成本降低""新兴贸易风险增加"等角度分析跨境电子商务影响贸易成本进而影响国际贸易规模的传导机制;同时,采用垄断竞争模型、引入跨境电子商务变量构建数理模型进一步研究跨境电子商务的贸易效应,为实证分析提供理论支撑。其次,为了客观、综合评价中国的跨境电子商务发展水平,为实证分析提供数据支撑,本书对国内外跨境电子商务的统计理论与测度实践进行梳理和总结,对比研究国内外电子商务和跨境电子商务统计与测度的关系,分析国内外官方和私营部门等不同口径反映跨境电子商务发展趋势数据的可用性及存在的问题。再次,借鉴经济合作与发展组织(OECD)、欧盟成员国以及加拿大、日本等发达国家跨境电子商务统计理论与测度实践的经验,以 OECD 基于罗杰斯的创新扩散理论构建的电子商务生命周期模型为理论依据,构建一套符合中国特点的跨境电子商务综合评价指标体系,测度 2000—2018 年中国跨境电子商务发展总体水平、出口及进口发展指数。然后,通过在传统引力模型中添加跨境电子商务这一变量,从出口和进口两个角度,对 2000—2018 年中国与全球主要贸易伙伴国(地区)(经数据匹配后总样本量 158 个)的双边贸易额进行对比分析,并将 158 个贸易伙伴国(地区)按世界银行对高收入、中高收入、中低收入、低收入国家的定义分成四组子样本,分组测度中国跨境电子商务发展水平对不同收入组贸易伙伴双边贸易额的影响。最后,根据理论和实证分析结果,针对如何提高中国跨境电子商务统计和测度水平以及提高中国跨境电子商务发展水平提出了相应的政策建议。研究结果如下。

一是全球关于跨境电子商务的官方统计数据很少,目前仅欧盟成员国、韩国、日本等少数国家发布过跨境电子商务数据,其统计基础均是基于 ICT(信息通信技术)使用和电子商务专项调查项目,在电子商务调查模块中添加跨境问题,从企业和家庭(个人)角度开展问卷调查以获取是否开展跨境电子商务的数据,且现有数据主要集中在跨境 B2C 领域,缺乏跨境 B2B 模式的数据和跨境电子商务价值的数据。此外,跨境物流、跨境支付、互联网流量等其他私营部门的数据可用性也有瑕疵。

二是相比国外跨境电子商务的统计指标是由官方统计部门在电子商务统计调查的基础上获取,中国目前跨境电子商务的官方口径却是另辟蹊径,由海关总署通过跨境电子商务通关服务平台和企业联网,汇总真实交易数据并发布,但海关总署仅统计跨境零售(主要为跨境 B2C 模式)数据,并不包括跨境 B2B 模式数据,且由于企业覆盖面不够等容易造成遗漏,并不能反映跨境电子商务行业真实的规模。跨境电子商务试点及综合试验区还没有形成统一的统计标准方法,各地统计数据差异较大,未定期发布。以电子商务研究中心为代表的商业研究机构发布的数据因为不明确具体的统计方法和样本范围等使得数据缺乏可靠性,但其在反映行业发展趋势和结构特点方面有其可取性。权威的统计机构国家统计局关于电子商务的统计体系与测度工作已取得较大进展,但关于跨境电子商务的统计与测度工作却缺乏参与度。

三是近年来中国跨境电子商务发展水平发展迅速,对中国与全球贸易伙伴的双边贸易额均有显著的促进作用。且跨境电子商务这一新型贸易方式的应用,对中国与高收入贸易伙伴的出口贸易规模的促进作用高于低收入贸易伙伴,对来自高收入贸易伙伴进口贸易规模的促进作用也较为明显地高于低收入贸易伙伴,这很可能是高收入国家的跨境电子商务 ICT 技术连通度、物流支撑等准备度水平更好,以及对跨境电子商务这一新型贸易方式的接受度和应用程度更高。但对所有不同收入分类的贸易伙伴,跨境电子商务对双边贸易的促进作用均很显著,说明跨境电子商务作为一种新型贸易模式确实能够有效提高中国与贸易伙伴的双边贸易规模。

四是引入跨境电子商务变量后,传统贸易引力模型仅部分适用。贸易伙伴国(地区)人均国民生产总值(GDP)变量的回归系数均为正且基本显著,适用传统引力规则。贸易伙伴国(地区)的人均国民生产总值越高,能够有效地增加其向中国的出口规模,抑制其从中国进口的需求。双边首都城市间距离在出口贸易效应模型中回归系数为负数,说明地理距离所造成的运输成本等仍然是制约中国出口贸易的重要因素;但在进口贸易中,两国间首都城市的距离与来自中高收入和中低收入贸易伙伴的进口保持负向关系,而对于高收入和低收入贸易伙伴而言,距离变量回归系数为正,可能是随着跨境电子商务这一新型贸易方式的开展突破了从这些地区进口商品的地理距离限制。是否有共同边界虚拟变量回归结果表明:中国与部分贸易伙伴国(地区)有共同边界的地理优势并未显示在出口贸易规模中;但在进口贸易中这一地理优势开始显现,中国与进口来源国(地区)接壤,更容易从该地区进口商品,享受距离较近的贸易便利优势。是否具有共同语言变量回归结果表明:与贸易伙伴国(地区)有共同语言优势还尚未体现在中国的出口贸易规模中,但共同的语言基础在进口贸易中的优势有所体现。

根据上述研究结果,本书提出相关政策建议如下:第一,关于改进中国跨境电子商务统计与测度的建议方面,减少数出多门,提高数据的权威和可靠性,建议分为官方数据和研究机构数据,采取补充调查为主、专项调查为辅的跨境电子商务统计调查体系,将物流、支付等私营部门跨境电子商务相关数据作为重要补充;完善统计方法,提高统计数据的科学性,建议进一步完善海关统计方法,改善跨境电子商务试点和综合试验区统计质量,鼓励商业研究机构以行业动态为主。第二,关于推动中国跨境电子商务发展的建议方面,努力提高跨境电子商务的发展水平,注重各地区跨境电子商务平衡发展,大力降低贸易风险。

第一章 | 绪 论

- 第一节 研究背景与意义
- 第二节 概念界定和文献综述
- 第三节 研究方法与研究框架
- 第四节 本文的创新点与不足之处

第一章 | 绪论

第一节　研究背景与意义

一、研究背景

进入21世纪以来,得益于技术进步、产业支撑、全球公民自由购物权、消费升级等发展动力,跨境电子商务顺势而生、异军突起,已成为国际贸易领域极具竞争力的新业态、新模式、新引擎。自2012年开展跨境电子商务试点以来,中国已逐渐发展成为全球跨境电子商务规模最大、发展最快的市场。据海关总署统计,2022年中国跨境电子商务进出口额(含B2B)达到2.11万亿元,同比增长9.8%,高于同期全国货物贸易进出口7.6%的增幅(图1-1)。而根据商业研究机构电子商务研究中心数据,2022年中国跨境电子商务交易规模为15.7万亿元,同比增长10.6%,增速虽有所下降,但已连续22年保持了10%以上的同比增长率(图1-2)。除了绝对量的飞速增长外,跨境电子商务在中国进出口贸易中占据的位

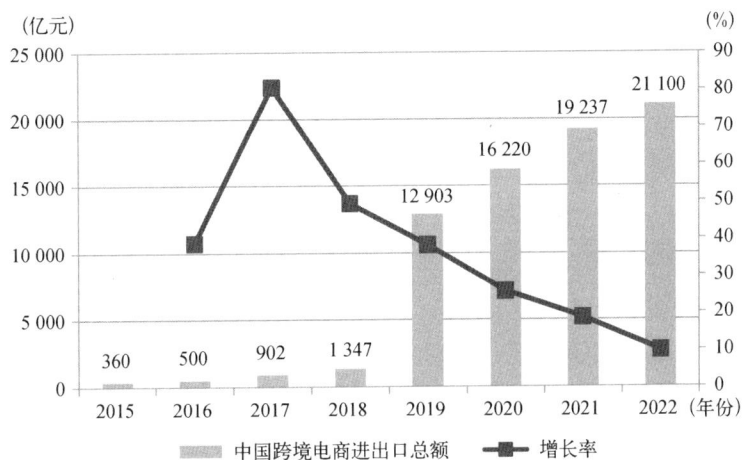

图1-1　2015—2022年中国跨境电子商务进出口总额及增长率

资料来源:中国海关。

置也越来越重要,跨境电子商务交易额占中国进出口额的比重从 2010 年的 5.5% 增长到 2022 年的 37.3%。在传统进出口贸易竞争优势减弱的背景下,跨境电子商务逐渐成为中国进出口贸易转型升级的新动力、新引擎,成为落实"一带一路"倡议的重要抓手,也是中国推进贸易强国建设、提升国际地位和影响力的重要选择。

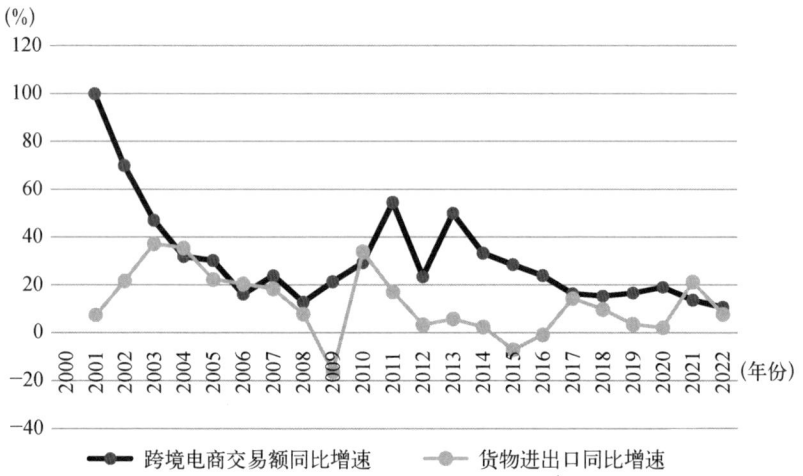

图 1-2　2000—2022 年中国跨境电子商务与进出口贸易增速对比

资料来源:中国统计年鉴、电子商务研究中心。

二、提出问题

在跨境电子商务异军突起的背景下,本书试图研究中国跨境电子商务的发展对传统进出口贸易双边流量的作用如何?跨境电子商务影响传统进出口贸易具体的传导机制如何?以上问题的探讨具有客观评价跨境电子商务对于传统进出口贸易的作用以及进一步明确跨境电子商务这一新型贸易方式的重要性,对于针对性地出台相关政策推动跨境电子商务

第一章 | 绪论

的健康持续发展具有重要的理论价值和现实意义。

研究跨境电子商务的贸易效应,对于获得能全面、客观反映跨境电子商务发展水平的测度指标至关重要。但目前,从全球各国层面都难以获得权威的官方统计指标数据,关于跨境电子商务的统计和测度仍然是一个国际性难题,跨境电子商务的大量研究工作因缺乏权威数据支撑难以科学有效开展。目前,中国社会各界采纳最多的跨境电子商务行业规模数据来源于海关总署和电子商务研究中心,两个数据口径均显示,近年来中国跨境电子商务持续保持两位数以上的高速增长,但统计的跨境电子商务交易规模却相差巨大——商业研究机构电子商务研究中心的监测数据显示,2018 年中国跨境电子商务零售额已达到 1.386 万亿元,而纳入海关统计的跨境电子商务零售额仅为 1 347 亿元,海关统计数据仅占市场份额的 9.7%。若从总口径数据来比较,电子商务研究中心统计的 2018 年中国跨境电子商务进出口、出口、进口交易额数据(包含 B2B 和 B2C)分别是官方海关总署统计数据(只包含 B2C)的 66.8 倍、126.5 倍、24.2 倍,且前者显示中国跨境电子商务仍以出口为主(占比 78.9%)、进口为辅(占比 21.1%),但海关统计数据则显示以进口为主(占比 58.3%)、出口为辅(占比 41.7%)。两个数据口径相差巨大,且存在相矛盾的观点。而市场普遍认可的判断是中国跨境电子商务仍以出口为主导,海关尚未完全将跨境电子商务零售出口纳入统计,造成海关统计数据漏统。即使是 2020 年海关总署增列监管方式代码 9710、9810[①],2019 年按可比口径计算跨境电子商务进出口额达到 12 903 亿元,统计口径从跨境电子商务零售(B2C)进出口额拓展至包括 B2C 和 B2B 总和,但规模上与电子商务研究中心的 10.5 万亿元仍相差巨大。这在一定程度上反映了目前

[①] 2020 年海关总署增列监管方式代码 9710、9810,相关数据均按可比口径计算,即 2015—2019 年数据是跨境电子商务零售(B2C)进出口额,2020—2022 年数据则包括 B2C 和 B2B 总和。

中国跨境电子商务统计与测度工作在权威性、可靠性等方面还存在一定问题。

鉴于中国国内对电子商务尤其是跨境电子商务的统计工作开展较晚，尚未建立完善的统计体系，尤其是跨境电子商务统计工作的科学性、可靠性等还有待进一步提升，因此本书认为有必要对国内外跨境电子商务统计理论与测度实践进行详细梳理和分析研究，对比各国际组织、少数已发布跨境电子商务数据的国家、主要商业研究机构以及能反映跨境电子商务发展趋势的物流、支付等相关渠道数据来源及可用性，为中国跨境电子商务的统计与测度工作提供科学的参考和借鉴。

三、研究意义

自 2012 年国家大力支持发展跨境电子商务以来，中国跨境电子商务呈现爆发式增长。在全球普惠贸易大趋势下，跨境电子商务发展呈现金额小、批次多、碎片化等特点，且商业模式层出不穷。但中国还尚未对跨境电子商务开展标准化统计。中国海关总署、商务部和部分跨境电子商务试点城市和综合试验区等已开展一些统计实践工作，而国外是在官方统计部门开展跨境电子商务统计调查，通过添加跨境问题来获取跨境数据。与国外相比，中国跨境电子商务官方统计口径并不来源于国家统计局的统计调查，而是来自海关总署和地方海关跨境电子商务通关服务平台的验放数据，且海关统计的跨境电子商务数据并不能准确、真实地反映中国跨境电子商务行业发展的实际情况；而以电子商务研究中心为代表的商业研究机构发布的跨境电子商务监测数据，虽然能较好地反映行业趋势及结构特点，但由于商业利益因素以及受统计方法和统计范围等限制，其数据也缺乏可靠性和权威性。

在现有研究跨境电子商务的贸易效应这一命题的文献中，由于可获取的官方数据极少,对跨境电子商务贸易效应进行实证研究较少,且通常使用互联网人数、邮件数量等替代指标来衡量跨境电子商务的发展水平,研究具有一定的片面性。目前国内外学者对跨境电子商务的统计理论和测度实践缺乏深入研究,特别是对于跨境电子商务的统计理论基础、电子商务与跨境电子商务两者在统计理论与测度实践之间的关系等研究成果甚少。鉴于此,本书提出"跨境电子商务测度及贸易效应研究"主题,将研究重点放在梳理和总结国内外跨境电子商务统计理论与测度实践,为进一步完善中国跨境电子商务统计与测度工作提供参考和借鉴,并在此基础上构建一套能科学、全面、客观评价跨境电子商务发展水平的指标体系,测度中国的跨境电子商务发展水平指数,进一步研究中国跨境电子商务发展水平的贸易效应。

第二节 概念界定和文献综述

一、概念界定

(一) 电子商务概念

目前,国际上对电子商务已有相当明确的定义。以世界贸易组织(World Trade Organization,WTO)、联合国国际贸易法委员会(United Nations Commission on International Trade Law,UNCITRAL)、经济合作与发展组织(Organization for Economic Co-operation and Development,OECD)为代表的国际组织在20世纪90年代就开始关注电子商务,并对电子商务的概念进行了有益探索。例如,OECD对电子商务的定义:"通过计算机网络进行的购买和销售,使用多种形式和设备,包括互联网和电子数据交换和使用个人电脑、笔记本电脑、平板电脑和各种精密程度的移动电话。"①电子商务可涉及有形货物以及可用数字形式提供的无形（数字）产品和服务，可联机或脱机付款和交付。总体而言，国际组织对电子商务的界定采取了相对广义的定义："电子商务就是一切以电子网络技术手段进行的与商业有关的活动。"即强调的是"电子传输＋商务活动（经济或贸易活动）"。对于"电子传输"的范围一般作广义解释，根据 UNCITRAL 的《电子商务示范法》以及中国《电子签名法》等国内外相关表述，应该包括但不限于电子数据交换（Electronic Data Interchange，EDI）、电子邮件、电报、电传或传真等手段。

中国对电子商务的定义仍处于探索过程中。现行《网络交易管理办法》没有采用"电子商务"概念，而是对"网络交易"进行了界定："网络商品交易是指通过互联网销售商品或者提供服务的经营活动。"中国于 2019 年 1 月 1 日起正式实施的《中华人民共和国电子商务法》，其第 2 条将电子商务界定为："通过互联网等信息网络销售商品或者提供服务的经营活动。"②并指出"销售商品既包括销售有形产品，也包括销售数字音乐、电子书和计算机软件的复制件等无形产品"。从定义内容上看，中国对电子商务的界定基本符合国际趋势。

（二）跨境电子商务概念

跨境电子商务虽有 20 多年的发展历史，但真正大规模发展还是在近些年，因此跨境电子商务作为一个较新的概念，目前还没有形成统一的定义。

欧盟在其电子商务统计中使用了跨境电子商务（cross-border e-commerce）名称，主要是指国与国之间的电子商务，但是并没有给出一个

---

① 参见 OECD, 2011, OECD Guide to Measuring the Information Society。
② 参见《中华人民共和国电子商务法》第 2 条。

具体而明确的含义。2010年,国际邮政合作协会(International Post Corporation,IPC)在《跨境电子商务报告》中并未明确界定跨境电子商务的概念,而是使用了"online shopping""internet shopping""online cross-border shopping"等多个说法。2018年6月,世界海关组织(World Customs Organization,WCO)总结了跨境电子商务的四个特点:网上交流、网上销售、网上订购、网上支付(如可行);跨境交易及交付;有实物;实物交付并运送给消费者或买方(用于商业或非商业目的)。尼尔森、电子港湾(eBay)等著名公司和许多学者也使用了不同的术语,如外贸电子商务、跨境网上购物、跨境网上贸易、国际电子商务等。

国内对跨境电子商务的定义也在探索过程中。阿里研究院对跨境电子商务的定义为:"跨境电子商务概念有广义和狭义之分。广义的跨境电子商务是指分属不同关境的交易主体通过电子商务手段达成交易的跨境进出口贸易活动;狭义的跨境电子商务特指跨境网络零售,指分属不同关境的交易主体通过电子商务平台达成交易、进行跨境支付结算,通过跨境物流送达商品,完成交易的一种国际贸易新业态。跨境网络零售是互联网发展到一定阶段所产生的新型贸易形态。"王外连、王明宇、刘淑贞(2013)对跨境电子商务所下定义被引用较多:"跨境电子商务是指分属不同关境的交易主体,通过电子商务平台达成交易、进行支付结算,并通过跨境物流送达商品、完成交易的一种国际商业活动。"

虽然各国和主要国际组织对跨境电子商务的定义表述不同,但还是反映了一些共同的特点:跨境电子商务主要以网络渠道和现代信息技术为交易途径;由一个经济体境内向另一个经济体境内提供;方式上具有数字化等要素。因此,综合起来,本书将在广义跨境电子商务概念下进行分析,即将跨境电子商务定义为:"跨境电子商务是指分属不同关境的交易主体,通过电子商务平台达成交易、进行支付结算,并通过跨境物流送达商品、完成交易的一种国际商业活动。"

二、国内外文献综述

（一）跨境电子商务发展研究综述
1.跨境电子商务发展状况及影响因素研究

由于近年来跨境电子商务的迅速崛起，国内出现了很多跨境电子商务发展方面的相关研究。很多学者做了非常详细的工作，研究了影响跨境电子商务发展的各个方面。

（1）国外研究现状。国外学者对跨境电子商务的影响因素开展了相关研究。Cardona M 等（2014）和 Cardona M 等（2015）分别从消费者和供应商的角度分析了阻碍跨境电子商务发展的因素。Heikkurinen M 等（2013）从供应链管理角度研究了影响跨境电子商务发展的因素，特别是在如何完善物流体系以促进跨境电子商务更好地发展这一方面做了细致研究。Hsiao Y H 等（2016）通过从消费者角度利用感知工程和大数据挖掘提出了有针对性的物流服务设计。

（2）国内研究现状。鄂立彬等（2014）研究了全球跨境电子商务市场的现状，发现中国跨境电子商务的主要出口目的地集中在美国、欧盟、日本等传统大国和经济组织。主要出口产品集中在家用电器、服装和美容产品等方面。杨坚争等（2014）的研究发现，跨境电子商务的应用水平与企业规模呈正比，跨境电子商务出口产品主要是科技含量较低的产品，跨境电子商务行业缺乏对贸易的知识和理解，同时缺乏掌握计算机技术与管理知识的复合型人才，并从企业和政府两个层面提出了建议。庞燕等（2015）和张夏恒等（2016）探讨了国际物流问题，指出新兴阶段的跨境电子商务主要采用国际包裹、国际快递、海外仓等物流方式，如要进一步发展境外仓库和边境仓库，必须大力发展第四方物流。梁利民（2016）对跨境电子商务的在线支付问题进行了专题研究。也有不少学者对跨境电子商务平台建设进行了研究。例如,陆学清(2016)研究了现阶段中国跨境电子商务平台发展中遇到的问题,并提出了未来的发展路径。

2.跨境电子商务发展水平测度研究

除了从某一角度研究跨境电子商务的发展外,一些学者还综合考虑了各个方面的因素,对跨境商务的发展水平进行了综合评价。

(1)国外研究现状。国外学者普遍认为跨境电子商务是电子商务的一个垂直细分领域,跨境电子商务具有电子商务的一些基本特征。国外学者对电子商务发展水平的测度研究较多,对跨境电子商务的测度研究较少。因此,本书将主要对国外电子商务发展水平测度的研究进行综述。

20世纪90年代中后期,一些发达国家和国际组织开始研究电子商务测度。最具代表性的国际组织,如OECD、亚太经合组织(Asia-Pacific Economic Cooperation,APEC)、欧盟(European Union,EU)等构建了电子商务发展水平衡量的指标体系。与此同时,英美等发达国家也对本国的电子商务发展水平进行了测度。对于国际组织和各国统计部门开展的统计与测度研究和实践,本书后面将展开具体研究。国外学者也对电子商务发展展开了测度研究。Chan B & Al-Hawamdeh S(2002)对新加坡电子商务发展状况展开分析后,认为政府在建立电子商务基础设施方面能发挥积极作用。Proctoretal(2003)则选取9个ICT基础设施存在问题的不发达国家调查分析其电子商务发展情况。Hwang W,Jung H S & Salvendy G(2006)选取三个电子商务处于不同发展阶段国家(美国、土耳其和韩国),对其网上购物情况展开分析,结果发现这些国家不仅基础设施、经济、文化不同,更大的差异性体现在信息的准确性、安全性和产品价格上。Clayton T & Criscuolo C(2002)提出了6个模块的基准框架,并使用框架中的49个指标来衡量和比较美国、英国、澳大利亚等9个国家的电子商务测度。Davis(2003)介绍了加拿大国家统计局在电子商务测度方面的相关经验,认为可靠、可比、一致的数据是电子商务评价标准的必要因素和前提。Gomez-Herrera E，Martens B & Turlea G(2014)通过问卷调查的方式获取欧盟27个成员国之间的B2C国内和跨境商品交易数据，比较线上线下交易模式的异同，证明传统的引力模型能很好地适用于跨境电子商务，并提出应综合成本优势、在线支付和物流模式等多个方面评估跨境电子商务的总体发展。Asosheh A，Shahidi-Nejad H & Khodkari H(2012)根据伊朗B2B跨境电子商务需求，从信息层、业务处理层和内容层三个维度构建评价B2B跨境电子商务的"本土化评估"模型，并通过案例研究的方法，给出了一个四阶段的场景，对模型进行了验证。该文试图从战略的角度来看待贸易过程中的商务文件交换，从而与全球贸易电子供应链区域单一窗口建设的关键目标更加接近。

(2)国内研究现状。国内对电子商务发展水平的测度研究起步较晚，但发展较快。中国的许多商业机构都在进行这方面的研究。2012年以来，阿里巴巴基于海量的平台数据，编制了阿里巴巴电子商务发展指数(alibaba e-commerce development index，aEDI)，基于该指数能够直接地观察区域电子商务的发展水平。2014年以来，在国家发展和改革委员会高技术产业司的指导下，中国国际电子商务研究中心研究院、清华大学的电子商务交易技术国家工程实验室、亿邦动力研究院、中国社会科学院中国社会科学评价中心、中央财经大学中国互联网经济研究所联合编制了《中国电子商务发展指数报告》。一些知名的大型平台公司或咨询机构也发布电子商务报告或行业电子商务报告，并对电子商务交易额、B2B交易额、B2C交易额、网上零售交易额等指标进行统计或估算。例如，阿里巴巴研究院估算基于阿里巴巴平台的电子商务交易额；易观国际、艾瑞咨询和电子商务研究中心根据对主要电子商务平台的监测数据估计了电子商务交易总金额。

近十几年内，国内许多学者也对电子商务进行测度研究。贾怀勤、王海涛(2008)主要从三个维度对电子商务展开了测度：电子商务交易指标、基础设施指标、主观认识和客观环境指标。刘跃、王文庆(2009)选取层次分析法(analytic hierarchy process，AHP)，构建电子商务信息化、人力资源、交易类三个维度指标体系,对重庆市2002—2008年电子商务发展水平开展指数评价。杨正贵(2011)从交易额、行业应用、个人应用、消极因素四个维度构建适合测度欧盟国家电子商务应用水平的指标体系。任今方(2013)通过对国内外电子商务统计与测度进行总结与评述,对比国际组织、各国统计机构、学术机构和商业研究机构不同测度方法的优缺点,为中国电子商务的统计与测度工作提供参考,魏建良、谢阳群(2006)的研究工作也类似。叶琼伟、聂秋云(2013)在中国创新指数(China Innovation Index，CII)指标体系的基础上,构造了相应指标体系来衡量中国电子商务发展水平,主要选用变异系数法确定指标权重,对2000—2010年中国电子商务发展水平进行了指数评价。王东峰(2014)选取了8个指标来分析电子商务市场交易量的影响因素,认为与中国电子商务交易额的关系最为密切的首先是网购用户规模,其次是B2B电子商务企业数量。孙景蔚、魏珂(2016)在对中国2003—2015年数据进行实证分析的基础上,指出中国电子商务交易价值受网站数量、网购用户数量、国际出口带宽和电子商务公司数量的影响。申静等(2016)运用线性综合指标评价法和层次分析法,从创新产出、创新投入、创新环境三个维度构建了中国B2B电子商务服务创新能力评价指标体系。

关于如何建立中国跨境电子商务综合发展的指标体系,近5年内国内学者对此的研究逐渐增多,且主要集中于研究跨境电子商务总体水平的测度。杨坚争、郑碧霞、杨立钒(2014)利用在广交会、上交会等开展的问卷调查,归纳总结出一套评价跨境电子商务发展水平的指标体系,主要包括网络营销、国际电子支付、电子通关、国际电子商务物流、电子商务法律5个一级指标和15个二级指标,并对回收问卷使用因子分析法,对北京、上海、广东等9个省市跨境电子商务发展水平指数进行了测度。熊励、赵露、孙文灿、陈朋(2016)应用技术-组织-环境框架(Technology-Organization-Environment Framework，TOE)框架的思想和要素模型分析方法，从跨境主体、跨境环境、配套服务三个维度构建了跨境电子商务发展水平的评价指标体系，对包括国家跨境电子商务试点城市在内的14个城市进行了测评。赵志田(2017)以第113届中国进出口商品交易会回收的662家企业调查问卷为样本，利用主成分分析法提取引资，利用AHP确定权重，构建了包含国际网络营销、跨境电子支付、电子通关、跨境电子商务物流的四个维度制造业企业跨境电子商务价值识别模型，认为中国制造企业跨境电子商务价值创造主要来自成本节约与绩效提升。苏为华、王玉颖(2017)，采用德尔菲法与层次分析法设计权重，从基础能力(跨境网商密度、跨境网购密度、跨境电子商务交易额等)、服务支撑(跨境电子商务相关的监管与服务性政策法规项数、第三方支付企业数量、快递包裹量和跨境电子商务园区数)和发展潜力(创新能力、信息基础设施、人力资源水平和政府服务能力)三个维度对2016年中国跨境电子商务综合试验区的综合发展水平指数进行了测算，对中国跨境电子商务综合试验区的优势与劣势进行了综合评估。李佳佳(2017)选取11个指标对跨境物流市场规模进行预测，计算出快递量、网购用户规模和快递业务收入是影响因素最高的三个指标。张夏恒、陈怡欣(2019)构建了一套包含3个一级指标(基础效率、服务效率、成长效率)和11个二级指标的跨境电子商务综合试验区运行绩效评价指标体系，结合德尔菲法与层次分析法对指标进行赋权，对2018年中国35个跨境电子商务综合试验区运行绩效进行评价。王赛男(2019)将2012—2017年跨境快递件数、网站数、上网人数及电子商务交易额作为基础指标，通过因子分析得到跨境电子商务发展水平综合指数。

企业和部分地区政府部门也对跨境电子商务的测度开展了尝试性的研究。敦煌网等(2017)主要从出口B2B的角度，综合考量了2016年度中国省级行政区域跨境电子商务规模、成长、渗透及支撑方面的表现,结果显示广东、浙江、北京等电子商务大省(市)占据了排行榜的前三名,较为客观真实地反映了中国跨境电子商务的发展现状和综合实力。杭州市商务委员会、中国(杭州)跨境电子商务综合试验区、浙江工商大学联合课题组①自 2016 年开始发布杭州跨境电子商务指数发展报告,提出了"1+3"的杭州跨境电子商务综合指数体系:即 1 个综合发展指数,反映杭州跨境电子商务产业规模、应用广度、创业创新、活跃集聚、服务支撑等内容;3 个专项指数,反映跨境贸易价格、信用与景气、海外仓等关键因素。

(二) 跨境电子商务贸易效应研究综述

1. 国外研究现状

目前国外学者主要关注跨境电子商务的发展是否会对国际贸易成本产生影响,但专门针对跨境电子商务与贸易成本之间关系的研究较少,主要集中在跨境电子商务的"去中介化"效应和跨境电子商务对地理距离限制的弱化作用(即传统国际贸易的引力模型是否仍适用),进而研究跨境电子商务对国际贸易的影响。一般是通过将跨境电子商务与传统贸易进行比较来分析。

(1) 跨境电子商务对贸易中介的影响。Spulber D F(1996)认为贸易中介存在的意义是能提供交易平台以匹配买卖双方的信息,从而实现商品转卖。贸易中介机构确实能在一定程度上降低国际贸易过程中由于信息不对称造成的交易成本,Bernard A B(2010)、Fryges H(2005)、Feenstra R C & Hanson G H(2004)等学者的研究也表明全球主要外贸大国如中国、美国、德国、英国等都在出口贸易中广泛使用了贸易中介。但是随着

---

① 2019 年 11 月,浙江工商大学课题组发布了新一期杭州跨境电子商务指数年度报告,这是课题组连续发布的第三份年度报告,本次报告的时间跨度为 2018 年 10 月—2019 年 10 月。

科技发展，以互联网技术为基础崛起的跨境电子商务为境外消费者和国内制造商之间搭建起能直接沟通的平台，从而降低信息不对称方面的问题，改变了过去在某些情况下没有贸易中介无法进行交易的情况，最后让更多企业更好地参与国际贸易，产生所谓的贸易"去中介化"现象。Malone T W(1987)的研究表明，信息通信技术的发展将大大降低协调和搜索成本，从而对传统的中介市场产生威胁。Hoffman D L(1995)、Benjamin R & Wigand R(1995)等也认为，传统的国际贸易交易方式会随着信息技术的发展及应用逐渐改变。跨境电子商务模式下，产品生产商可以直接和消费者达成交易，降低了一系列中间环节所带来的贸易成本，产品的价值链将会被重塑。Anderson P & Anderson E(2002)全面分析了电子商务对贸易中介机构的冲击，互联网技术可以使生产商和消费者绕开贸易中介直接达成交易。Cho H 和 Tansuhaj P S(2011)通过对电子商务平台这一新型贸易中介和传统贸易中介的比较，认为电子商务平台能显著降低企业从事国际贸易的门槛，让更多中小企业也能克服地理距离和文化壁垒，灵活满足国际市场的消费需求。Bakos Y(1998)，Anderson P & Anderson E(2002)，Olsson R(2013)等学者认为这种电子商务平台只是一种新型的贸易中介，是顺应时代发展的需要而出现的。中国市场上新兴的外贸第三方服务平台，如环球资源、中国制造、阿里巴巴等，也印证了 Anderson 关于贸易中介转型的观点。这些平台不仅成为外贸企业信息交流的场所，还为企业提供物流、融资、交易监管甚至清关等服务。

（2）跨境电子商务对贸易距离的影响。随着互联网技术在国际贸易中的广泛应用，各种贸易的成本大大降低。在国际贸易中，距离效应是否会消失已成为学术界研究的热点问题。在传统贸易中，其中制约国际贸易发展的重要壁垒就是双边距离，因地理距离而产生的运输、信息不对称、陌生成本等成为国际贸易成本中非常重要的组成部分。Blum B S & Goldfarb A(2006)认为在传统贸易中，地理距离一般会对国家之间的贸易产生负面影响，Disdier A C & Head K(2008)也得出相似的结论。同时，Freund和Wein-hold(2004)、Choi C(2010)、施炳展(2016)等学者发现互联网技术的发展对促进贸易发展具有重要作用。学者们开始普遍关注地理距离对贸易的影响是否会被跨境电子商务削弱。Hortaçsu A 等(2009)研究了 eBay 和自由市场电子商务网站的在线交易数据，发现地理距离对线下交易的阻碍明显大于在线交易。Lendle A，Olarreaga M，Schropp S & Vezina P-L(2012)使用来自 62 个国家相同的货物数据，对比距离对 eBay 跨境电子商务和传统国际贸易额的影响，结果表明距离对 eBay 电子商务平台的影响不到对传统贸易影响的 5%，距离的影响因产品类型的不同也有很大的区别。Cowgill B & Dorobantu C(2012)利用从谷歌 AdWords 中获得的国内和跨境数据进行对比分析，认为跨境电子商务可以减少两国之间的距离对贸易的影响，降低与文化距离相关的贸易成本。Gómez-Herrera E(2013)利用引力模型分析，认为跨境电子商务与"距离"密切相关，而距离对于网上有形商品的跨境贸易至关重要。跨境电子商务虽能有效降低地理、物理距离成本，却增加了跨语言沟通的障碍。Pantea S & Martens B(2014)引入了一个标准引力模型来研究欧盟成员国的进出口贸易，结果表明在某种程度上电子商务在国际贸易中可以减少贸易伙伴国家之间的地理距离，从而减少贸易成本，增加一个国家的进出口贸易总额。Alaveras G & Martens B(2015)对欧盟进行实证研究，结果表明影响消费者通过电子商务平台进行跨境购物的重要因素仍然包括贸易双方的地理距离。Gómez-Herrera 等(2014)利用欧盟国家线上线下交易数据，认为跨境电子商务的开展能降低由距离带来的运输成本，但会产生新的贸易成本，如包裹寄送成本、跨境支付风险等。Lendle A 等(2016)对 61 个国家网上购物数据展开分析，结果表明跨境电子商务因为能减低搜索成本进而在一定程度上产生"距离消亡"效应。Kim T Y 等(2017)重点研究了提高跨境电子商务网站设计和快递服务便捷性对缩短跨境消费者心理和时间距离的重要作用。

目前,大多数学者的研究表明跨境电子商务尚未完全解决距离上的问题,虽然地理距离对跨境电子商务的负面影响可能小于传统国际贸易,但国际贸易开始广泛使用引力模型,文化、制度、语言等主观因素已成为贸易距离的新内涵,而且互联网可能衍生出新的成本,如包裹寄送成本、线上支付成本等,阻碍贸易规模的扩大。也有部分学者认为跨境电子商务因为网络购物等风险的增加对国际贸易造成负面影响。随着消费者风险意识的增强,消费者将重新回归传统消费模式,这对电子商务交易产生了负面影响,同时消费者动机受到风险意识的影响研究也是不完善的。Martens B(2013)认为网络购物有较高的风险性而该风险性将降低网络购物福利,阻碍消费者购买进口商品。

2. 国内研究现状

国外学者主要关注传统引力模型在跨境电子商务环境下的适用性,以及是否通过"去中介"降低贸易成本来研究跨境电子商务的贸易效应。但国内学者却是从跨境电子商务对企业出口行为的影响、跨境电子商务对国际贸易额的影响,以及跨境电子商务对传统国际贸易的传导机制的影响等角度进行分析和研究。通过整理相关文献,发现跨境电子商务对国际贸易既有积极的作用,也有消极的影响。

(1) 定性研究。国内学者关于跨境电子商务对传统国际贸易的影响机制的定性研究主要包括:鄂立彬、黄永稳(2014)从接触消费者方式、业务模式、交易环节、价格和利润率、订单类型、产品类目、规模和速度、支付手段和争端处理、物流要求、交易和结汇方式、企业规模 11 个角度,将传统贸易模式和跨境电子商务进行了对比,进而提出相关政策建议。李骏阳(2014)从平台创新、改变贸易空间集聚方式、改变贸易流向、创新贸易模式、创新贸易支付手段、信息流主导商流 6 个角度探讨电子商务对内外贸发展的影响机制,进而对流通理论、贸易产业空间集聚理论、流通的成本和效率理论、内外贸一体化理论等的创新进行阐述。亢洵(2015)对跨境电子商务的内涵及特征进行了分析,并从国际贸易管理方式、营销模式、监管方式等创新角度来研究跨境电子商务对传统国际贸易的影响。樊文静(2015)从价值链重构、市场范围拓展、贸易成本降低、主体结构变化、生产方式变化、贸易风险增加等角度,从宏观、中观、微观三个层面分析跨境电子商务对中国外贸影响的具体机制进行分析。陈希、沈玉良、彭宇(2016)认为跨境电子商务相较传统国际贸易模式在交易主体、交易内容、交易合同、订单类型、结算方式5个方面出现变化,从而对与交易各流程相关的贸易便利化提出新要求。张翠娟(2017)一方面从宏观和微观两个层面阐述跨境电子商务带动贸易增长,如细化国际市场分工、改变贸易营销方式、开拓贸易市场、推动外贸转型升级;另一方面从跨境电子商务如何促进国际贸易发展方面进行分析,在此基础上提出助力跨境电子商务发展的措施建议。程静璇(2017)利用SWOT分析法对中国—东盟跨境电子商务贸易合作的影响因素进行分析,进而提出相应对策。刘灿亮(2018)认为跨境电子商务的快速发展可促进中国外贸和电子商务的增长,其对中国对外贸易结构在推动经营主体多元化、对外贸易方式多样化等方面具有积极影响,但在贸易专业化发展、贸易产品结构优化等影响方面的积极作用不明显。

(2)定量研究。目前,国内学者关于跨境电子商务对传统国际贸易的影响机制的定性研究主要包括:李子、杨坚争(2014)根据不完全竞争市场模型,在此基础上运用数据进行协整分析,建立 ARCH 和向量自回归模型,研究中国跨境电子商务与进出口之间的关系,认为两者存在长期均衡关系且呈同方向变化。茹玉骢、李燕(2014)基于异质性企业垄断竞争模型,根据世界银行中国企业调查数据,运用 Probit 和 Fractional Probit 计量方法进行模型检验,结果表明电子商务增加了企业的出口可能性以及出口密集度。常成(2015)主要从理论和实证两个角度分析跨境电子商务与国际贸易的互动关系,主要从技术创新理论、交易成本理论、集聚理论、市场准入等方面分析电子商务对国际贸易的影响,并运用单位根检验、协整检验、OLS估计、格兰杰因果关系检验和误差修正模型进行验证,结果表明跨境电子商务会促进国际贸易的发展,但当贸易增长到一定水平后,对跨境电子商务的需求也会扩大,形成反促进作用。温珺、王健、尤宏兵(2015)修正引力模型实证考察了电子商务对中国进出口的影响,认为电子商务促进了中国外贸的增长,但在金融危机影响下其促进作用不明显,且电子商务有助于减弱距离对国际贸易的负面影响。李柏杏、潘开灵(2016)采用Cournot Duopoly模型进行理论分析,对跨境电子商务与国际贸易发展进行对比,并利用协整模型分析两者之间的关联程度,认为中国跨境电子商务与外贸之间存在长期正向关系。许统生、杨颖、陈雅(2016)以熵权法构建包括交易水平、基础设施指数、人力资本指数、发展潜力指数、行业景气指数的指标体系度量中国电子商务发展水平,并基于中国对"一带一路"沿线出口数据构建面板向量自回归模型,分析电子商务对外贸出口的动态影响,结果表明,随着电子商务发展水平的提升,其对中国出口贸易具有显著的促进作用。梁利培(2016)建立VAR模型,从理论和实证两方面对跨境电子商务与贸易增长之间的关系展开探究,研究表明两者间存在正向关系。冯然、申明浩(2017)聚焦电子商务引发的贸易替代或贸易转移效应,使用美国线上和线下的零售季度数据,利用协整检验和格兰杰因果检验等计量方法展开实证分析,结果表明电子商务对传统产业具有明显的创造效应而非替代效应。田文、王超男(2018)采用古诺模型分析跨境电子商务对华商网络贸易的提到和互补效应,面板数据实证检验结果表明跨境电子商务对华商网络贸易的互补效应大于替代效应。岳云嵩、李兵(2018)基于"阿里巴巴"中国站付费会员数据库、中国工业企业数据库和中国海关数据库等数据,将电子商务平台引入多目的国、多产品异质性企业贸易理论模型里,采用倍差匹配法进行实证分析,结果表明电子商务平台增加了企业出口的概率并促进了出口规模。柴利、何若然(2019)选取2008—2018年时序数据建立VAR模型,研究中国跨境电子商务与国际贸易的互动关系,认为中国跨境电子商务与国际贸易两者间具有双向因果关系。刘贤锋等(2019)运用PVAR模型,研究中国13个跨境电子商务试点城市进出口贸易、跨境电子商务与国民生产总值三者之间的互动关系,认为进出口贸易和跨境电子商务均对GDP增长起正向作用,且跨境电子商务在短期和长期视角内均能拉动经济增长。颜谢霞(2019)基于跨境电子商务的B2B和B2C两种主要模式的比较分析,研究跨境电子商务出口对中国外贸的影响,实证结果表明,出口B2B跨境电子商务对中国出口有显著的促进作用,而B2C模式则有负面作用但统计不显著。肖菲(2019)将跨境网商数/人口数作为跨境电子商务的替代变量,构建省际面板Logistic模型进行跨境电子商务经济系统驱动因素实证分析,认为技术进步、消费升级、产业基础等是促进跨境电子商务发展的主要动力。马述忠、房超、张洪胜(2019)基于跨境传统贸易出口数据与电子商务物流数据的研究表明,跨境电子商务相比较于传统贸易,受地理影响较小;互联网的发展弱化了地理距离的负面影响,在一定程度上,促进了跨境电子商务出口的增长。

(三)文献评述

1. 跨境电子商务发展的文献评述

通过对国内外跨境电子商务发展水平测度的文献进行梳理和总结,笔者认为现有文献仍存在以下问题。

(1)所选取的指标主观随意性较强。大多数学者的指标测度只使用单一指标——交易额,因权威统计数据缺乏,一般采用的是电子商务交易额指标,或其他相关指标,而非跨境电子商务交易额这一直接指标,指标选择缺乏科学性。部分学者也构建综合评价指标体系,构建的多指标评价体系虽然有其自身的特点,但指标的选择上是主观的。目前综合评价指标体系的构建,主要选取决定跨境电子商务发展的内部因素:交易平台、物流系统、跨境电子商务主体的能力和潜力等指标,以及外部因素,即国家和市场环境、公共基础设施等指标,定量评估跨境电子商务的发展水平。目前,还没有得到学术界广泛认可的权威指标。

(2) 所选测度指标缺乏统计基础。由于跨境电子商务是一个新兴的行业,因此没有完整、规范的数据采集系统。目前,大多数研究所选取的测度电子商务发展水平的指标大多是侧面反映跨境电子商务行业发展情况的间接指标,而非能直接反映跨境电子商务发展规模和趋势的直接指标。且选用的侧面间接指标,其很多数据来源都不是官方统计口径,学者们所使用的数据主要来源于网络搜索,一些指标存在"数出多门"的现象,容易导致不同学者的评价结论不一致。

鉴于此,笔者在后文构建跨境电子商务综合评价指标体系时,除了借鉴 OECD 指标体系构建方法为本文的指标体系设计提供科学的理论基础,还在选取指标时综合考虑能直接和间接反映跨境电子商务发展水平和趋势的指标,如电子商务研究中心关于跨境电子商务交易额的数据虽然缺乏权威性,但其在反映行业发展趋势方面具有其可取性,故本书也将其作为能直接反映跨境电子商务发展趋势的指标纳入综合指标体系中;除了直接指标,在间接指标选取时也尽量选择中国官方统计机构发布的数据,如电子商务交易额、网购渗透率等指标。如此一来,综合指标体系中既有能直接反映趋势的指标,又有间接反映发展水平且具有统计权威性的指标,使得本书的综合评价指标体系尽量科学、有效、全面地反映中国跨境电子商务行业的真实发展状况。

2. 跨境电子商务贸易效应文献评述

目前国外学者对跨境电子商务的贸易效应研究较为成熟。2012 年,中国跨境电子商务才开始得到明显的政策关注,在此之前中国学者对跨境电子商务的研究较少,跨境电子商务对中国国际贸易影响的相关研究较为欠缺。从研究内容来看,关于跨境电子商务贸易效应的国内外文献,主要从跨境电子商务去中介化、贸易距离缩短等角度研究其对国际贸易的影响,但由于缺乏官方跨境电子商务统计数据,且跨境电子商务的测量难度较大,研究受到限制,目前跨境电子商务与国际贸易关系的很多研究都仅限于定性研究。部分实证研究文献主要可分为两类:一是对跨境电子商务发展水平的测度,进而是对跨境电子商务发展水平与进出口贸易之间的关系的测度。在这类计算中,通过构建跨境电子商务发展水平指标体系,对指标进行打分来衡量跨境电子商务发展水平,所得到的评价指数容易受主观因素影响。二是直接构建一个多元回归模型来衡量跨境电子商务对国际贸易的影响。一般采用上网人数、邮件数量等间接指标作为跨境电子商务发展水平的替代指标进行后续计量分析。用这种方法建立的模型往往是线性关系,不能完全解释经济事实,计算结果也有问题。在实证模型和检验分析方面主要集中在引力模型、格兰杰因果检验等,如建立引力模型,结合横截面或面板数据分析跨境电子商务对国际贸易规模和结构等的影响;或建立向量自回归模型,分析跨境电子商务与国际贸易的双向关系等。在研究跨境电子商务与国际贸易互动关系时,学者们所做的研究大多只涉及它们之间的相互促进作用,并没有真正深入到具体的促进机制中。在这方面,一些工具和模型可以用于更深入的研究。

国内外现有文献构建的指标体系采用定性研究与定量研究相结合的方法,为本文的研究提供了有益的参考,但由于跨境电子商务直接相关的指标数据缺乏,所选用的指标也都是一些间接指标,不能全面反映跨境电子商务行业的真实发展情况。目前,可以用来量化跨境电子商务发展水平的可借鉴文献非常有限。因此,有必要构建科学的跨境电子商务指标评价体系,并以此为基础研究跨境电子商务发展水平对中国传统进出口贸易的影响,这同时也是本文的重点。本文将尽可能全面、科学地构建一套跨境电子商务指标评价体系,准确地评价中国跨境电子商务发展水平,并在此基础上研究跨境电子商务对进出口贸易的影响机制和作用。

第三节 研究方法与研究框架

一、研究方法

(一) 文献研究法

通过对国内外学术界以及国际组织、已发布跨境电子商务数据的几个国家官方统计机构的研究成果进行梳理和归纳总结,全面掌握跨境电子商务测度及其贸易效应领域的研究成果及前沿动态、国际组织及各国统计部门开展电子商务以及跨境电子商务统计和测度工作的理论方法和实践,从而发现现有研究的不足,为笔者的研究提供方法积累和方向引导。

(二) 理论分析法

本书对比研究了跨境电子商务这一新型贸易方式与传统进出口贸易一般贸易方式的异同,并对跨境电子商务国际贸易理论尤其是新新贸易理论的前提假设和主要命题的挑战及影响进行阐述,从贸易"去中介化""交易成本降低""新兴贸易风险增加"等角度,分析跨境电子商务对国际贸易的传导机制,并通过在垄断竞争模型中引入跨境电子商务变量,通过数理模型研究跨境电子商务的贸易效应。

(三) 移植借鉴法

本书将罗杰斯的创新扩散理论及其提出的创新扩散曲线与跨境电子

商务发展过程结合起来,找出相通之处,提出与创新扩散曲线相对应的跨境电子商务生命周期模型。同时,借鉴其他研究机构及学者的测度理论,构建和选择跨境电子商务发展测度指标体系和具体的测度方法。

(四) 实证分析法

利用联合国 WITS(World Integrated Trade Solution)数据库、塔塔数据库、EPS 数据库、CEPII 数据库以及中国各年度统计年鉴等,构建综合评价指标体系测度中国跨境电子商务发展水平指数。通过在传统引力模型中添加跨境电子商务这一变量,对 2000—2018 年以来中国与全球主要贸易伙伴国(地区)的双边贸易额分出口和进口两个方向,对比分析中国跨境电子商务出口及进口对传统外贸出口、外贸进口的影响,并将 158 个贸易伙伴国(地区)按世界银行对高收入、中高收入、中低收入、低收入国家的定义分成四组子样本,分组测度中国跨境电子商务发展水平对不同收入组贸易伙伴的双边贸易额的影响。

二、研究思路和框架

本书的研究思路和内容安排如下(图 1-3):

第一章,绪论。阐明本书的研究背景、问题的提出、研究意义、概念界定和文献综述、研究方法与研究思路、可能的创新点与不足之处。

第二章,梳理中国跨境电子商务的发展概况,比较跨境电子商务和传统进出口贸易的异同。阐述跨境电子商务对国际贸易理论尤其是新新贸易理论的前提假设和主要命题的挑战及影响,并在此基础上从交易费用理论、贸易中介理论、贸易风险理论等方面研究跨境电子商务影响进出口贸易的传导机制,在垄断竞争模型中引入跨境电子商务因素构建数理模型进一步分析其影响机制,为后文的实证研究提供理论支撑。

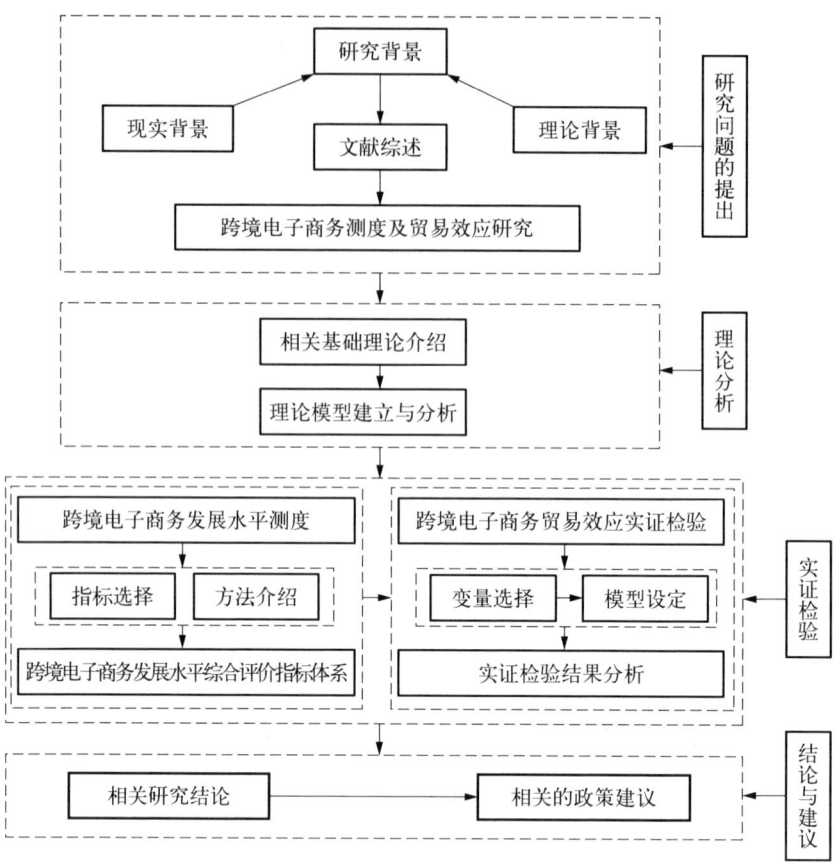

图 1-3 研究思路

第三章,梳理和总结国内外跨境电子商务的统计理论与测度实践,主要从官方统计口径和私营部分数据来源梳理能反映跨境电子商务发展水平的各个渠道数据的可用性及存在的问题。

第四章,跨境电子商务发展水平的测度。借鉴 OECD 和欧盟以及加拿大、日本等已发布跨境电子商务数据的国家对跨境电子商务的统计与测度经验,基于罗杰斯的创新扩散理论构建一套科学的综合评价指标体系,测度 2000—2018 年中国跨境电子商务发展水平指数,为进一步的实证分析提供数据支撑。

第五章,跨境电子商务发展水平对进出口贸易影响的实证分析。在传统的引力模型的基础上,加入跨境电子商务发展水平变量,分出口和进口两个方向,来衡量跨境电子商务对进出口贸易的影响。

第六章,主要结论与政策建议。总结本书的主要结论,并结合中国跨境电子商务统计与测度工作的现状及跨境电子商务的发展现状,提出相应的政策建议。

第四节　本文的创新点与不足之处

一、可能的创新之处

(一)创新性地研究国内外跨境电子商务的统计理论和测度实践

目前,学术界已发表的文献尚未对国内外跨境电子商务的统计理论与测度实践展开研究。本书通过对国内外跨境电子商务的统计理论与测度实践进行全面梳理和总结,研究各个官方数据口径和私营部门数据来源的可用性及存在的问题,梳理国际组织及已发布跨境电子商务统计数据的国家电子商务统计与测度和跨境电子商务统计与测度两者之间的传承关系,比较国内和国外在跨境电子商务统计理论与测度实践中的不同,为进一步改进中国跨境电子商务的统计与测度工作提供参考和借鉴。本书关于这方面的研究成果具有较强的创新性和前沿性,其中国际比较研究不仅包括 OECD、欧盟、国际电信联盟、联合国贸易会议、万国邮政联盟、世界海关组织等国际组织,还包括加拿大、西班牙、韩国、日本等国家(全球仅有的几个发布过跨境电子商务统计数据的国家)官方统计部门对跨境电子商务开展的统计与测度现状,以及全球主要商业研究机构、电子商务平台企业等私营部门发布的跨境电子商务数据,并从国际空运服务贸易、互联网流量、跨境支付、国际收支、数字贸易等渠道侧面反映跨境电子商务的发展趋势。国内对比研究部分则主要从海关总署、商务部、国家统计局、跨境电子商务试点城市及综合试验区等政府部门以及以电子商务研究中心为代表的商业研究机构对跨境电子商务开展的统计与测度实践及存在的问题进行分析,同时也对跨境物流、跨境支付等侧面反映跨境电子商务发展趋势的数据渠道及数据可用性展开了探讨。

（二）构建跨境电子商务影响进出口贸易的理论框架

本书创新性地从贸易主体、贸易商品、贸易链条、监管原则、交易模式、征信模式、准入模式等角度对比分析跨境电子商务这一新型贸易方式与传统进出口贸易一般贸易方式的异同,并在此基础上阐述跨境电子商务对国际贸易理论尤其是新新贸易理论"国际贸易固定成本高于国内成本""企业异质性主要存在于生产率差异""资本和劳动是最基本的生产要素""跨国公司生产要素可以自由流动""跨国公司组织形式只有垂直一体化和外包"等前提假设和主要命题的挑战及影响。同时,从交易费用理论、贸易中介理论、贸易风险理论等方面研究跨境电子商务影响进出口贸易的传导机制,并在垄断竞争模型中引入跨境电子商务因素构建数理模型进一步分析其影响机制,为之后的实证研究提供理论支撑。该部分为跨境电子商务如何影响进出口贸易提供了较为深入和新颖的理论传导和模型演绎分析。

（三）借鉴 OECD 等经验构建更科学、全面的指数来检验跨境电子商务的贸易效应

现有研究在跨境电子商务综合评价指标体系构建时所选取的指标具有一定的随意性,并没有较为严谨的科学依据,且指标数据来源复杂,很

容易出现结论不一致的情况。本书在构建跨境电子商务综合评价指标体系时,除了借鉴OECD基于罗杰斯创新扩散理论构建的电子商务指标体系构建方法,为本书的指标体系设计提供科学的理论基础外,还在选取指标时综合考虑能直接和间接反映跨境电子商务发展水平和趋势的指标,并注重指标的权威性数据来源,使得本书的综合评价指数尽量科学、有效、全面地反映中国跨境电子商务行业的真实发展状况,并在此基础上研究跨境电子商务对进出口贸易的影响机制和作用。

二、不足之处与未来研究方向

本书在构建跨境电子商务综合评价指标体系测度跨境电子商务发展水平时,考虑数据的可得性和统计口径的权威性,仅使用了一些较为成熟的指标数据。因此,本文构建的指标评价体系可以在一定程度上科学全面地反映中国跨境电子商务的发展水平,但不可避免地存在准确性不足的问题;且由于缺乏中国各省份跨境电子商务直接指标的数据,本书对各省份跨境电子商务的综合评价工作还不能开展。据此,进一步收集更全面的数据,建立更科学的评价体系,对中国及各省份跨境电子商务发展水平的测度及其贸易效应进行分析,是今后进一步研究的方向。

第二章 跨境电子商务贸易效应的理论基础

- 第一节 中国跨境电子商务发展概况
- 第二节 跨境电子商务与传统进出口贸易的比较
- 第三节 跨境电子商务影响进出口贸易的理论分析

第一节　中国跨境电子商务发展概况

一、中国跨境电子商务的内涵

(一) 跨境电子商务发展历程

进入 21 世纪以来,得益于技术进步、产业支撑、全球公民自由购物权、消费升级等发展动力,跨境电子商务顺势而生、异军突起,已成为国际贸易领域极具竞争力的新业态、新模式、新引擎。根据电子商务研究中心的数据,中国跨境电子商务交易规模年均复合增长率保持在 30% 左右,更用实实在在的数字佐证了这一趋势。互联网、云计算、智能终端等的快速发展和普及应用为跨境电子商务的发展提供了技术基础,全球公民自由购物权为跨境电子商务发展提供了法理基础,同时千千万万中小企业成为经济全球化的重要载体,以中国为代表的新兴国家产生了一大批中产阶层,这就使得跨境电子商务的发展无论是在供给侧还是在需求侧方面都有了坚实的基础。总体来看,中国跨境电子商务的发展大致可分为以下 5 个阶段(图 2-1)。

1. 萌芽阶段(1998—2007)

中国跨境电子商务始于 20 世纪末,最早出现的是帮助中小企业出口商品的外贸 B2B 电子商务网站,如阿里巴巴国际站、中国制造网、中国化工网等,主要为中小企业提供商品信息展示、交易撮合等服务,尚未涉及网上交易环节。此阶段通过互联网解决了中国贸易信息面向世界买家的难题,完成了外贸电商产业链中的信息流整合环节。

2. 发展阶段(2008—2013)

随着互联网的普及,跨境支付、物流等服务水平的提高,以及 2008 年全球金融危机带来的对外贸易碎片化等特点,面向海外个人消费者的跨境电子商务零售出口 B2C、C2C 业务开始发展起来,国内先后出现了 DX、

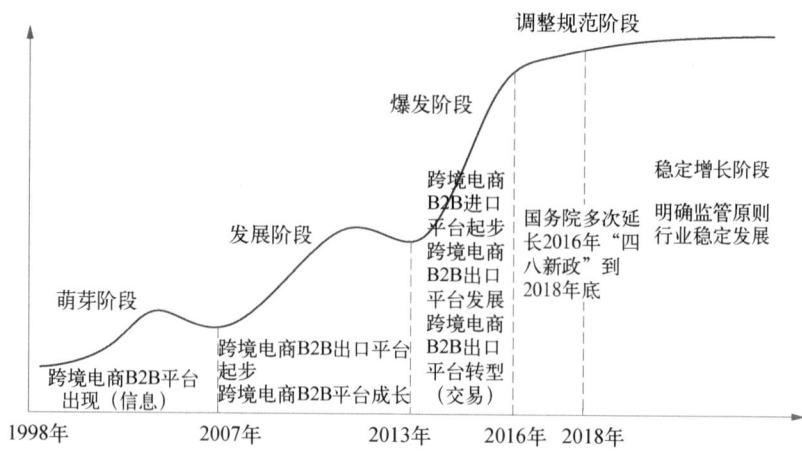

图 2-1 中国跨境电子商务发展历程

资料来源：笔者整理。

兰亭集势、阿里速卖通等一批跨境电子商务 B2C 网站,逐步将线下交易、支付、物流等流程实现在线交易,通过平台的营销推广、支付服务、物流服务等获得增值收益,大量中国中小企业、网商开始直接深入参与国际贸易。2012 年,八部委组织开展国家电子商务示范城市试点工作。上海、重庆、杭州、宁波、郑州五个城市获得首批试点城市资格,标志着跨境电子商务业务试点工作的正式启动。2013 年,试点城市相继开展跨境电商零售进口试点工作。

3. 爆发阶段(2014—2016)

2014 年被称为中国跨境电子商务元年,伴随海关总署第 56 号、第 57 号公告的发布,跨境电子商务正式获得合法身份。公告明确了跨境电子商务的监管流程,对个人自用、合理数量且符合试点监管要求的跨境电子商务零售进口商品,按个人物品征收行邮税,其他部门也照此监管,中国进入跨境电子商务的爆发和快速增长期。中国对跨境电子商务零售进口的监管创新,促进了跨境电子商务零售进口市场的迅猛发展,诞生了天猫国际、网易考拉、唯品会、聚美优品、洋码头、小红书等一大批跨境电子商务零售进口平台和企业,整个行业在2015年迎来了爆发式增长。此阶段,跨境电子商务平台承载能力更强,全面推进在线全产业链服务,跨境电子商务行业的规模和质量都有较大提升。

4. 调整规范阶段(2016—2018)

随着国内网购用户消费升级,进口商品的需求量日益旺盛,随之而生的跨境电子商务平台和企业如雨后春笋般出现,但在快速发展的同时也产生一系列问题。因此中国政府调整了跨境电子商务监管政策,2016年4月8日起开始实行"四八新政"①,给火热的跨境电子商务行业打了一针"镇静剂",对正在积极开展试点工作和蓬勃发展的跨境电子商务产业链产生较大冲击。虽然此后新政三次延期至2018年底,但是它的影响持续发酵,犹如一柄高悬在头顶的"达摩克利斯之剑"。一方面,行业进入真正的资本寒冬,众多资金相对薄弱的中小型电商平台纷纷洗牌出局;另一方面,大量巨头正在加码跨境电子商务业务,在政策规范不断出台、行业加速洗牌下,两极分化更加明显,跨境电子商务开始从迅猛发展进入调整规范阶段。

5. 稳定增长阶段(2019以来)

实施跨境电子商务"四八新政"后,中国对跨境电子商务零售进口实行"暂按个人自用物品监管"的过渡期安排,有效促进了行业稳定发展,但也存在各方权责不清、政策预期不稳定等问题。为营造更加稳定、可预期的政策环境,促进跨境电子商务零售进口持续健康发展,商务部会同相关部门在两年多的时间里深入调研,于2018年11月28日发布《关于完善跨境电子商务零售进口监管有关工作的通知》,明确跨境电子商务零售进

---

① "四八新政"指的是2016年4月8日起执行的《财政部海关总署国家税务总局关于跨境电子商务零售进口税收政策的通知》。

口商品监管的总体原则,即对跨境电子商务零售进口商品明确按个人自用进境物品监管,不执行首次进口许可批件、注册或备案要求。这保证了过渡期后监管制度的连续稳定,有利于促进跨境电子商务新业态的健康发展,更好满足人民对美好生活的向往,跨境电子商务行业进入稳定增长期。

(二)跨境电子商务全产业链

跨境电子商务产业链主要涵盖生产制造方、供应商、运营商、平台商、买家,以及物流、支付、保税仓储和金融保险等支持性企业。跨境电子商务出口产业链包括出口基地、生产制造方、出口卖家、出口电商、第三方服务商和境外买家;跨境电子商务进口产业链一般涉及上游的生产制造方、供应商、进口电商、第三方服务商和最终客户(图2-2、图2-3)。

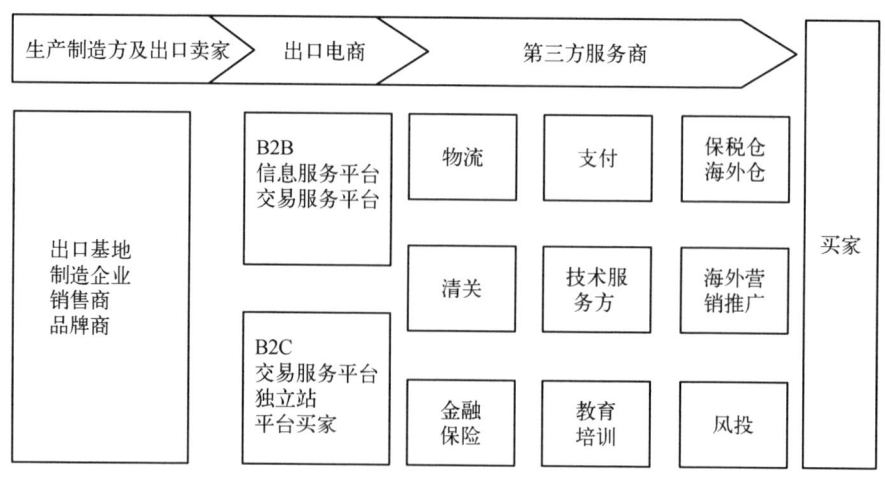

图2-2 跨境电子商务出口全产业链

资料来源:笔者整理。

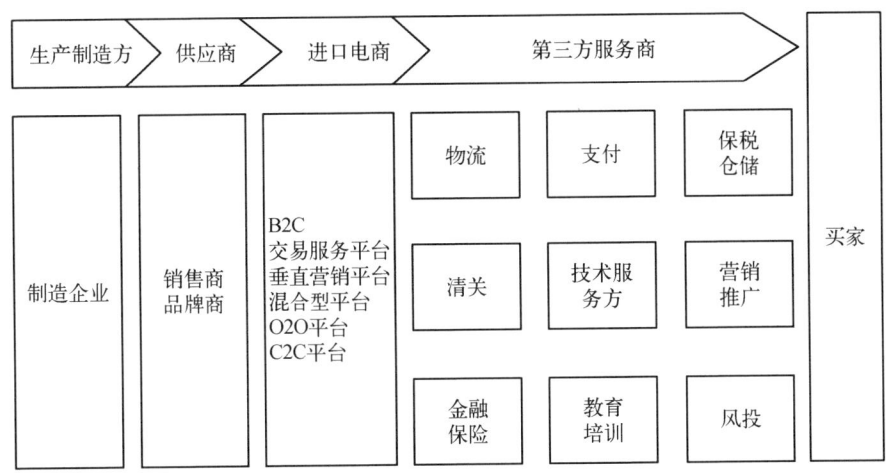

图 2-3 跨境电子商务进口全产业链

资料来源：笔者整理。

(三) 跨境电子商务平台模式

跨境电子商务平台作为产业链的核心，以技术驱动实现买方和卖方撮合交易、协同管理和征信管理，集成物流、支付、通关等相关配套服务，以达成跨境交易和交付、实现价值增值为目的，实现产品链、价值链和供应链统一链接发展，以上各个参与方以不同的形式共同作用于产业链上的各个环节。跨境电子商务平台企业分进口和出口平台。其中，进口平台分为C2C、B2C，B2C平台分为交易服务平台、垂直自营平台和混合型平台（自营＋平台）；出口平台分B2B平台和B2C平台。B2B平台分为信息服务平台、交易服务平台，B2C平台分为交易服务平台、独立站和平台卖家等（图2-4）。

1. 跨境电子商务出口平台

经历了近20年的不断发展，跨境电子商务出口在各环节中的信息化程度进一步提升，衍生出多种创新模式，逐渐成为中国对外贸易的新动能。根据跨境电子商务出口平台的发展，本文主要介绍具有代表性的四种创新模式。

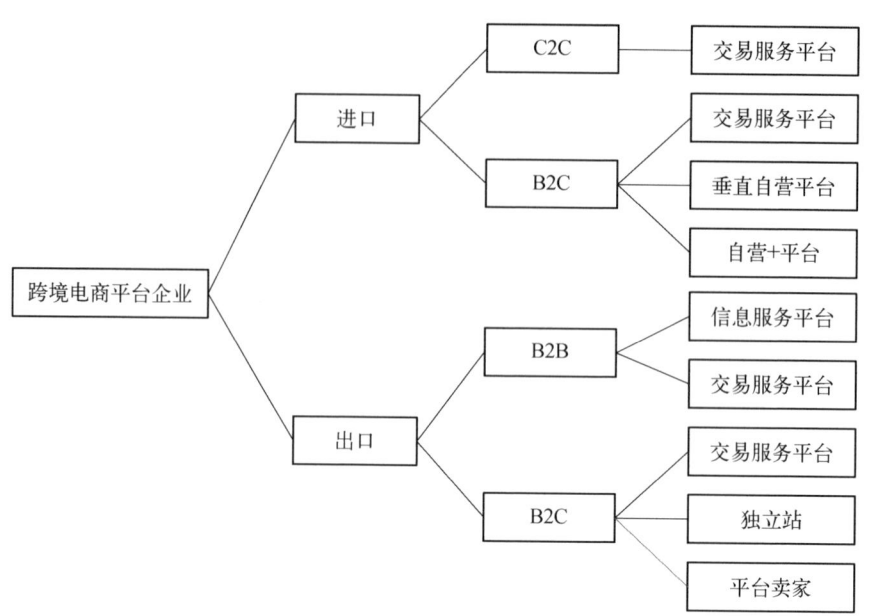

图 2-4 跨境电子商务平台企业分类

资料来源：笔者整理。

（1）以阿里巴巴国际站为代表的"批发贸易平台模式"。该模式以信息撮合为重点，以平台型 B2B 为主要业务模式，代表企业主要有阿里巴巴国际站、环球资源网、中国制造网等，是中国最早的跨境电子商务模式，解决了传统贸易中信息高度不对称的问题。通过提供信息发布平台，使买卖双方信息互通，相比于传统贸易，效率得到大幅提升。大宗商品批发贸易平台又分为综合型和垂直型两类，主要用户为生产企业及大型贸易企业，其盈利模式主要来源于平台的入驻费用。2008 年全球金融危机后该模式的发展陷入停滞，但在 2015 年又开始活跃，以金融为典型代表的供应链服务推动 B2B 进入交易发展新阶段，其盈利模式为供应链服务费。此类平台信息量丰富，是目前中国跨境电子商务出口规模最大的形式。由于大宗商品批发贸易涉及复杂的贸易环节，如报检、报关、支付、结汇、物流、退税等,目前该模式的交易环节还是采用传统交易方式,不过在营销和交付环节实现了在线化。随着信息科技的不断渗透,该模式也有着交易和服务产生闭环的趋势(图2-5)。

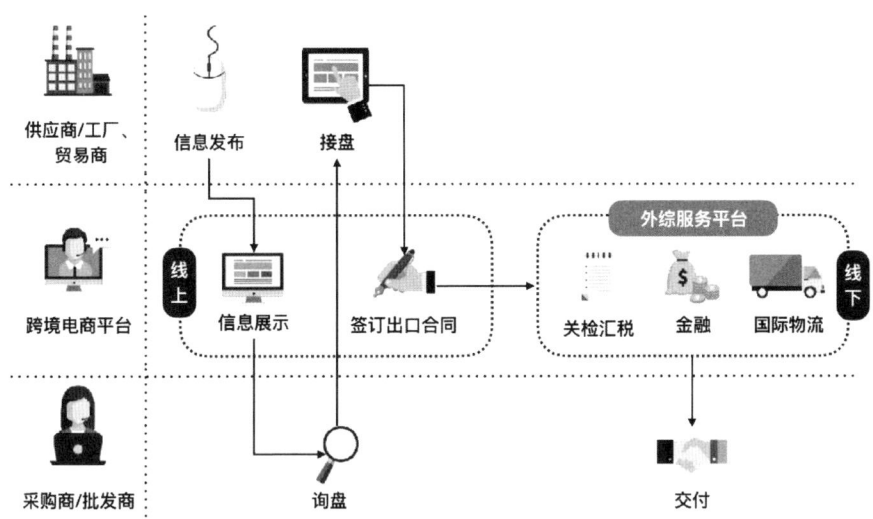

图 2-5　大宗商品批发贸易平台模式流程

资料来源:亿邦动力研究院。

（2）以速卖通和敦煌网为代表的"批零兼售平台模式"。该模式以在线一站式交易为核心,以平台型小额 B2B 和 B2C 为主要业务模式,代表企业主要包括敦煌网、速卖通等。将信息撮合、在线交易、物流实时追踪进行一站式整合,解决了中小企业碎片化、高频化、个性化的需求。2008年全球金融危机以后,中国的出口贸易从规模化、低频次向碎片化、高频次等特点转换,此类电商企业得以迅速成长。此类平台的用户主要为中小贸易商、中小零售商和终端消费者,收取交易佣金是该类平台的盈利模式。

随着新一代信息技术如云计算、人工智能、大数据等的发展,该模式通过一站式全流程在线交易闭环积累数据,进而实现精准营销、融资贷款、信用保险以及数据挖掘等增值服务。成为小规模批发零售平台的又一盈利点。该模式具有对市场需求反应迅速、交易流程清晰透明等显著优势,但由于平台供应端和采购端多为中小企业或个人,平台对于供应链的把控面临挑战(图2-6)。

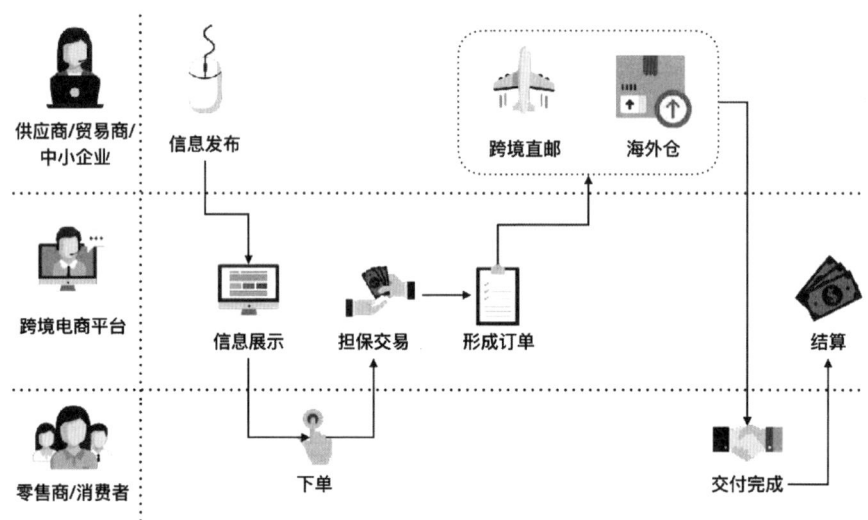

图2-6 中小规模批发零售平台模式流程

资料来源:亿邦动力研究院。

(3)以环球易购为代表的"自采或POP兼营的全域零售平台模式"。该模式以面对海外终端消费者的需求为核心,以自营B2C和商家入驻平台销售为主要业务形式,代表企业为环球易购、帕拓逊、有棵树、棒谷、通拓科技等。自营跨境电子商务出口平台由于在某一品类或领域具有专业优势,在供应链管控方面做得较好,终端消费者的消费体验也好,同时,因为自营模式需要大量自有资金用于供应链各环节,对平台企业的资金和管理水平提出要求。开放平台POP模式大部分以垂直型为主,采用品牌化的战略,针对终端消费者的核心需求,从商品的设计、制造、营销、销售等环节进行全流程把控,该模式企业大多拥有一个或多个自有品牌,利用中国制造积累的优势,以高性价比为抓手通过平台进行销售,在品牌效益产生后组建打造自有平台并试探开拓周边品类。其主要盈利模式为商品销售产生的利润(图2-7)。

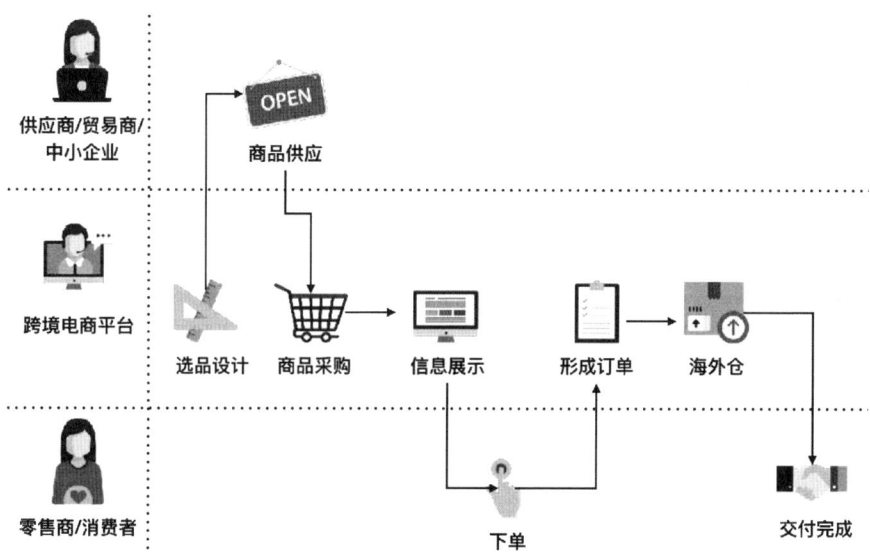

图2-7 自营零售平台与开放平台POP共建模式流程

资料来源:亿邦动力研究院。

(4)以执御为代表的"新兴市场零售平台模式"。该模式针对某一新兴市场差异化需求,以自营或平台型B2C为主要业务模式,代表企业主要有执御、KILIMALL、傲基国际等。传统跨境电子商务出口以美国为主,一方面由于美国等发达国家互联网及电子商务起步较早,网络用户渗透率较高;另一方面由于市场规模可观,对于出口企业的风险较小。近年来,随着全球范围内电子商务飞速发展、"一带一路"倡议的推进,新兴市场跨境电子商务的增长潜力被激发。但新兴市场受到基础设施、消费习惯、宗教文化等因素影响较大,因此面对欧美市场的经验很难有效地复制。该模式主要选取竞争者较少的新兴市场作为目标市场,利用自身在新兴市场的信息优势,采用差异化蓝海战略,并落实本地化选品和设计等。该模式竞争环境较为宽松,对于当地市场的培养往往需要较长的时间,目前在新兴市场中具有一定寡头优势,但随着电子商务巨头的进入,竞争将越来越激烈(图2-8)。

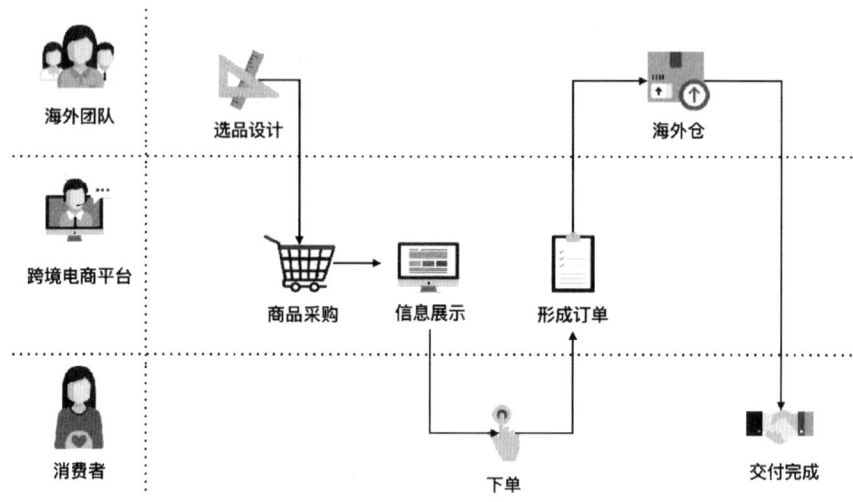

图2-8 新兴市场蓝海战略模式流程

资料来源:亿邦动力研究院。

2. 跨境电子商务进口平台

中国跨境电子商务进口起源于早期的海外个人代购和海淘。2014年以来,伴随着利好政策的出台、资本的介入以及中国居民日益增长的消费需求,跨境电子商务进口进入发展的快车道,各类主体涌现。跨境电子商务进口企业主要面向中国终端消费者,有B2C和C2C两种模式。根据艾瑞咨询数据显示，2018年中国跨境进口零售电商市场规模为1 613.3亿元，增长率为44.9%，近年来保持着高速增长的趋势，预计到2021年，中国跨境电子商务进口市场规模将突破3 000亿元。从跨境电子商务进口的交付模式上看，主要分为保税备货模式、海外直邮模式和集货直邮模式。各跨境电子商务企业因自身优势及满足消费者不同需求出发进行模式创新，主要可分为以下4类。

(1) 以天猫国际为代表的"海外直供模式"。该模式的特点是将境内消费者和境外供应商通过搭建B2C平台而联系在一起，代表企业包括天猫国际、京东全球购、苏宁海外购、亚马逊海外购等。平台制定适合跨境电子商务进口交易的规则和消费流程，打造良好的用户体验，主要盈利模式在于商家的入驻费用和交易佣金。海外直供模式从根本上来讲建立在买卖双方的聚集程度上，对于该类模式平台的流量和服务要求较高。该模式通常要求海外经销商具备境外零售资质或品牌授权，并在境内提供一定的售后服务，其优势在于满足丰富的消费品类选择的同时保障良好的购物体验，在商品交付方式上通常选用海外直邮。对于品牌端的管控及供应链的缩短是海外直供模式发展的主要趋势(图2-9)。

(2) 以网易考拉和小红书为代表的"海外优选模式"。该模式主要特点是平台采用自营模式，专注于B2C品类，平台直接参与选品、物流等供应链管控过程。为了确保用户体验，该模式通常采用保税备货模式，其盈利模式是销售商品所获得的利润和相关增值服务。而且，随着平台用户的集聚度越高，会员服务费也成为盈利的增长点。海外优选模式对平台企业的选品和供应链的管控能力要求较高，但同样也需要占用大量自有资金。平台通常会采用限时特卖或闪购模式来达到快速回款的目标，同时也不断丰富商品品类(图2-10)。

(3) 以洋码头为代表的"全球买手模式"。该模式突出特点是C2C模式，将海外买手和境内消费者通过平台联系起来，促进交易的达成，代表

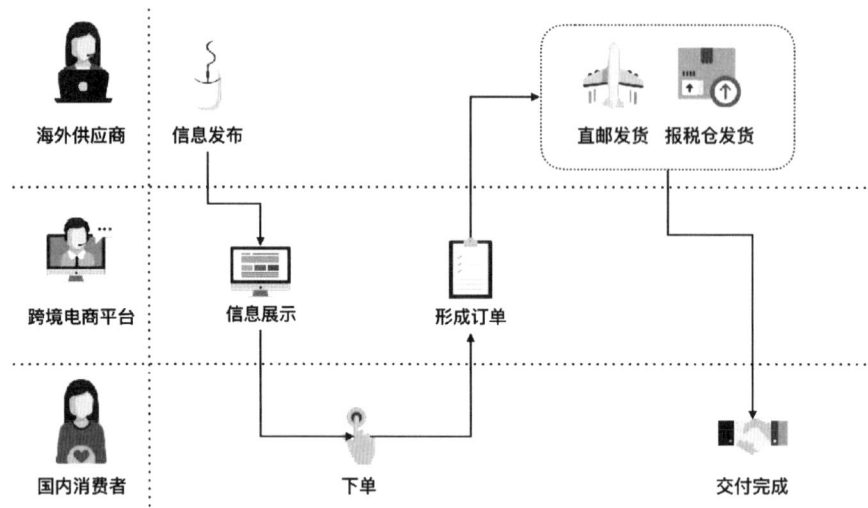

图 2-9 海外直供模式流程

资料来源：亿邦动力研究院。

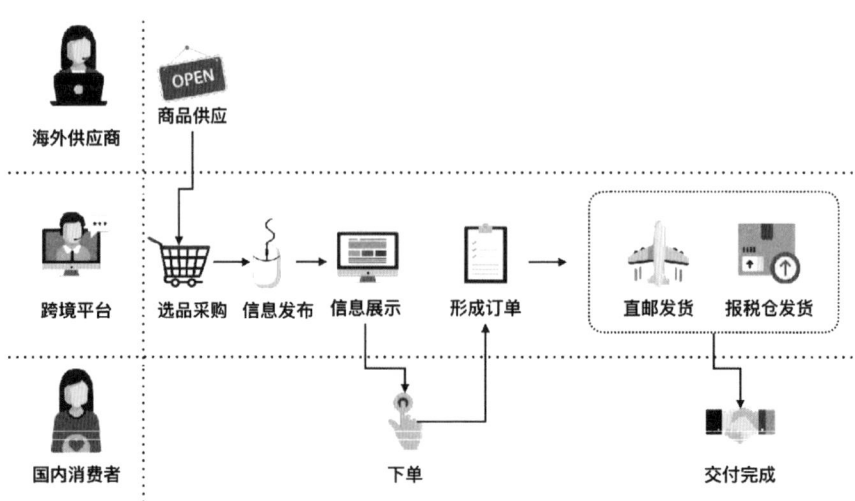

图 2-10 海外优选模式流程

资料来源：亿邦动力研究院。

企业包括：洋码头、淘宝全球购等。其盈利模式一般不收取平台入驻费，而是通过平台的物流、广告等增值服务盈利。海外买手因关注度各不相同，使得选品也各具特色，且买手对国内外消费市场更加敏感，能够较好满足国内消费者的多样化需求。交付模式以个人行邮为主。但因整个交易过程买手的作用很强，服务水平各不相同，产品的质量和品牌授权等风险较高。随着海关监管政策的完善和进一步规范，该模式的合规问题也越发显现，洋码头近来发展式微也是一个佐证（图2-11）。

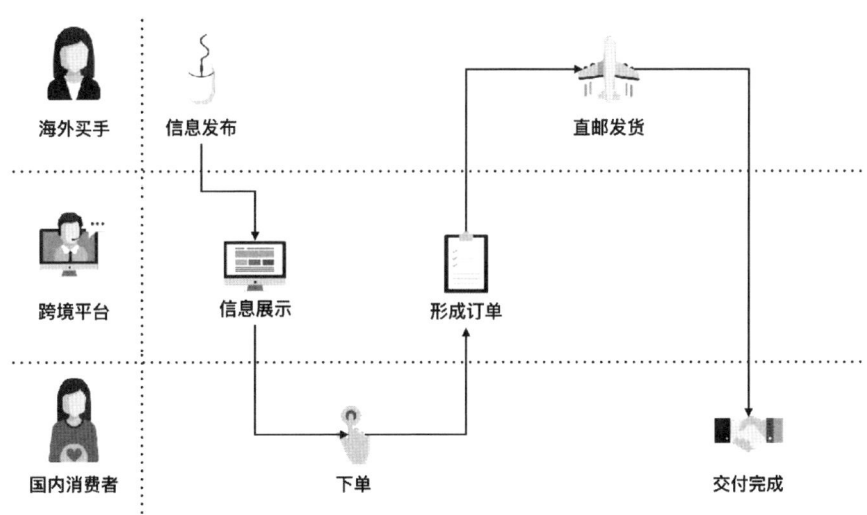

图2-11　全球买手模式流程

资料来源：亿邦动力研究院。

（4）以京东全球购为代表的"线上线下融合模式"。该模式主要特点是通过打造O2O模式销售进口商品，将进口商品线上线下联动，提升消费者购买体验，是新零售模式的创新，代表企业包括京东全球购、天猫国际、网易考拉、聚美优品等。该模式主要通过线下开设体验店，提升消费者体验，但其主要目的还是为线上引流，提高线上消费者对平台和商品的信任度,同时也覆盖了无网上消费习惯的消费者。商品一般通过保税备货及一般贸易模式进境。移动电商的快速发展,使得线上线下融合成为了现实,随着人工智能、虚拟现实、增强现实等新兴技术的进一步发展和应用,线上线下融合模式也将为传统零售业注入新的活力(图2-12)。

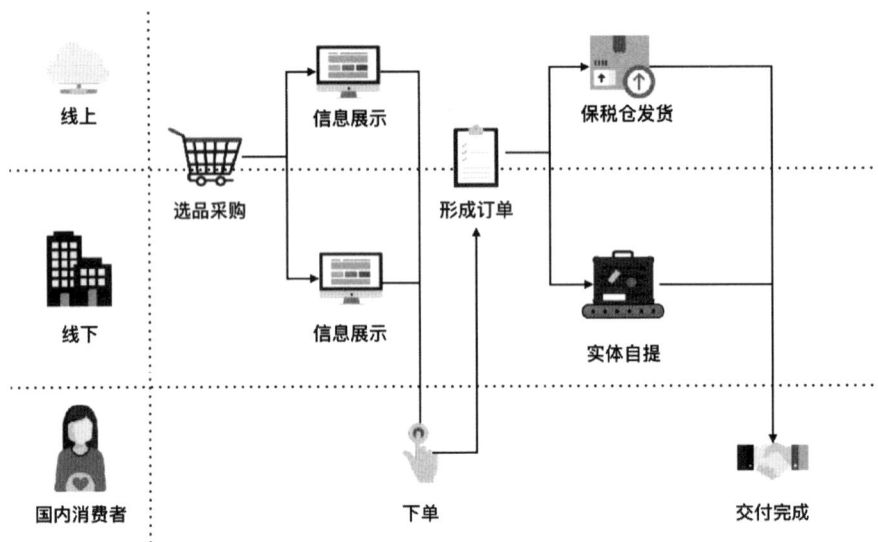

图2-12　线上线下融合模式流程

资料来源:亿邦动力研究院。

二、中国跨境电子商务发展现状

由于目前中国跨境电子商务相关的官方统计数据较为缺乏,唯一的官方口径是海关总署发布的跨境电子商务零售额数据(直到2019年才开始包含跨境B2B数据),由于公布的数据年份较短(2015年开始),且存在统计范围不全面等缺陷,并不能真实反映跨境电子商务行业整体的发展情况,故本书选用商业研究机构电子商务研究中心的数据来反映跨境电子商务的发展趋势及结构特点。虽然商业研究机构的数据因统计方法不明确等使得数据权威性和可信度降低,但由于其统计的时间较长,结构数据较为全面,在反映整体行业发展趋势及结构特点方面仍有其可取性。

(一)跨境电子商务交易额快速增长

近年来,中国跨境电子商务受益于国家政策推动、ICT基础设施不断完善、全球性电子商务渗透率提升等因素,已快速发展成为中国外贸转型升级的新引擎。根据电子商务研究中心数据,2000—2022年,中国跨境电子商务交易额已从500亿元上升至15.7万亿元,年均增速高达29.9%,2008年全球金融危机以来,2008—2022年均增速为24.9%,而同期中国货物进出口年均增速分别是11.4%、6.3%,跨境电子商务年均增速相比货物进出口分别高出18.5、18.6个百分点。中国跨境电子商务交易额占进出口贸易和GDP的比重也分别从2000年的1.3%、0.5%上升至2008年的3.9%、2.2%,以及2022年的37.3%、13.0%。跨境电子商务已成为中国货物进出口贸易及GDP的重要增长驱动(图2-13)。

(二)跨境电子商务以B2B为主,跨境零售快速增长

2022年,中国跨境电子商务B2B交易额达11.9万亿元,2010—2022年,中国跨境电子商务B2B交易额占比总体呈下降趋势,尤其是2012年以来逐年下降,从2012年的96.7%下降至2022年的75.6%;以B2C为主的跨境电子商务零售额达3.830 8万亿元,占跨境电子商务交易总额的比重从2012年的3.3%逐年上升至2022年的24.4%。2010—2022年中国跨境电子商务B2B模式占比下降了17.1个百分点,仍以75.6%的比重占据高位,以B2C模式为主的跨境零售虽然发展前景广阔,增长迅速,但规模仍较小,与B2B模式相比存在较大差距(图2-14)。

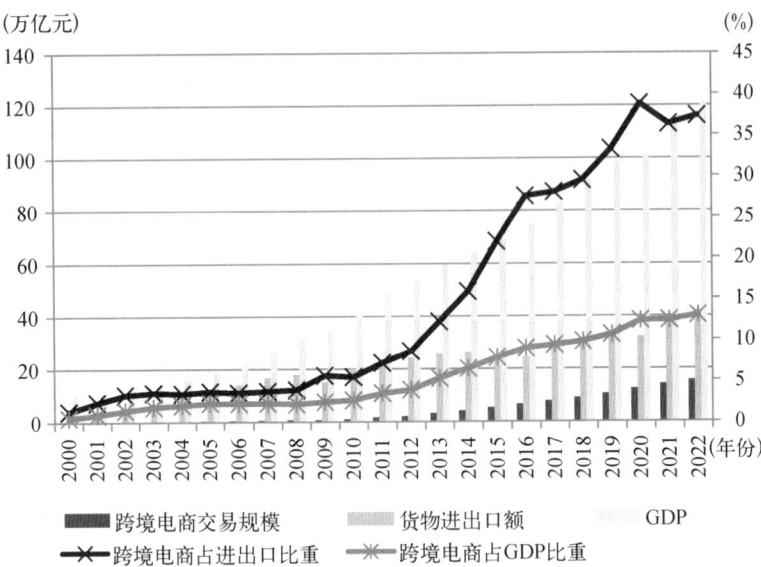

图 2-13　2000—2022 年中国跨境电子商务交易额及占货物进出口、GDP 的比重

资料来源：电子商务研究中心。

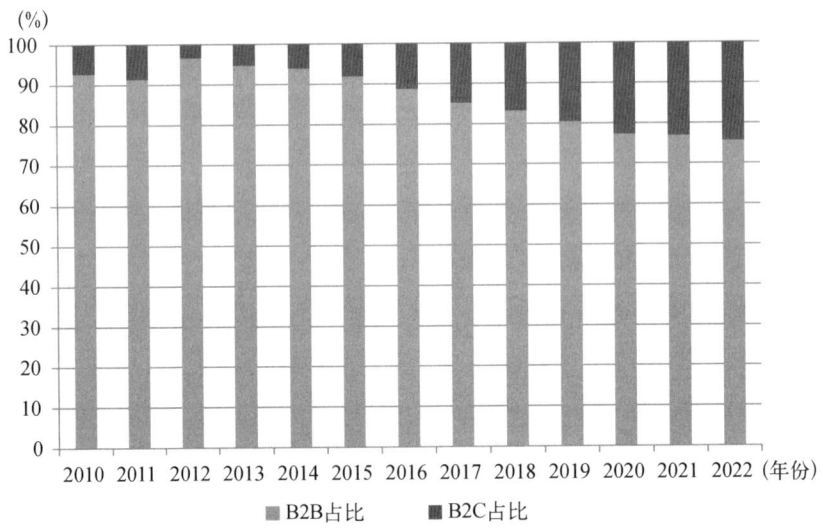

图 2-14　2010—2022 年中国跨境电子商务 B2B、B2C 交易额占比

资料来源：电子商务研究中心。

而根据海关总署数据统计,2015—2018 年,中国通过跨境电子商务通关服务平台统计的跨境电子商务零售进出口额(以 B2C 为主)从 360 亿元上升至 1 347 亿元,年均增速为 56.2%。而在 2019 年,中国跨境电子商务零售进出口额迅速增长到了 12 903 亿元,增长率为 857.9%。2019—2022 年,中国跨境电子商务零售进出口额保持着 18.03% 的年均增速增长,2022 年已经达到了 21 100 亿元(图 2-15)。

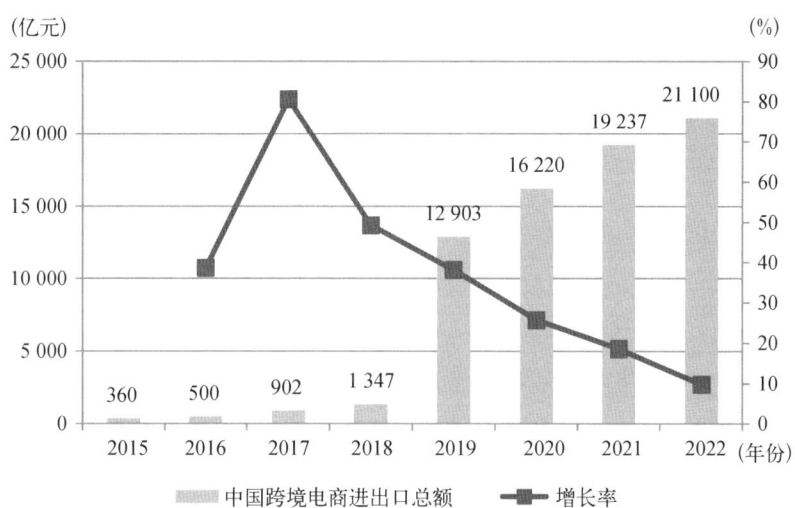

图 2-15 2015—2022 年中国海关验放的跨境电子商务零售进出口额及增长率

资料来源:中国海关。

(三) 跨境电子商务以出口为主,进口增长迅速

由于海关总署的统计数据为跨境零售额数据,不包含跨境 B2B 数据,且并未将跨境电子商务零售出口完全纳入统计体系,造成跨境电子商务出口统计数据漏统,因而海关统计的出口额低于进口额,与市场分析的出口大于进口正好相反。考虑到海关总署发布的数据从 2015 年才开始,

且统计涵盖的范围仍有限,本书在研究过程中采纳了电子商务研究中心等商业研究机构的观点,认为跨境电子商务交易结构中出口依然占据主导地位。根据电子商务研究中心的数据,中国跨境电子商务出口交易额由2000年的498亿元增长至2022年的12.3万亿元,同期跨境电子商务进口交易额从2亿元增长至3.4万亿元。中国跨境电子商务进口交易额占货物进口总额的比重从0.01%上升至18.8%;跨境电子商务出口交易额占货物出口总额的比重从2.4%上升至51.3%,跨境电子商务出口交易额已超出货物出口总额的一半,其重要性不容忽视。从增速看,2001—2022年,中国跨境电子商务进口交易额年均增速高达69%,而跨境电子商务出口交易额年均增速为29.9%,跨境电子商务进口增速相对更快(图2-16)。

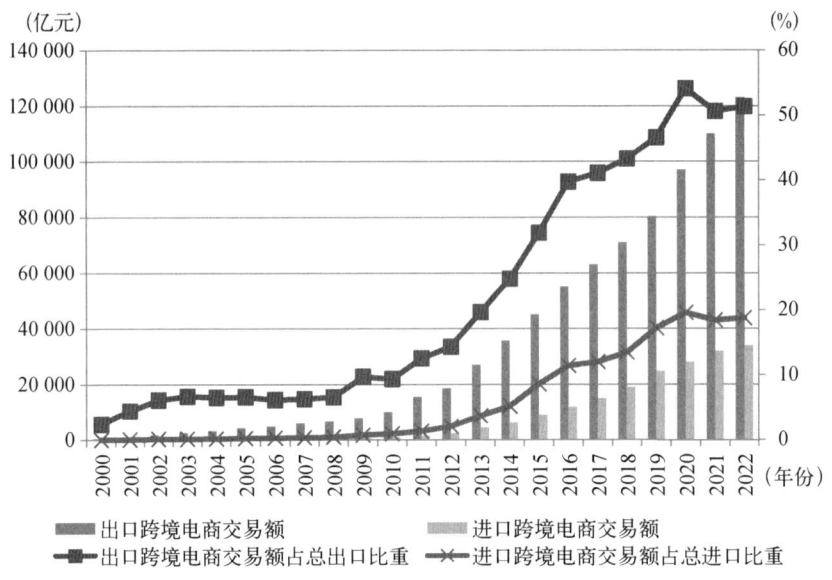

图2-16 2000—2022年中国跨境电子商务交易额及占货物进出口、GDP的比重

资料来源:电子商务研究中心。

从比重看,中国跨境电子商务出口交易额占跨境电子商务总交易额的比重从2000年的99.6%下降至2022年的78.3%,同期跨境电子商务进口交易额占跨境电子商务总交易额的比重从0.4%上升至21.7%,跨境电子商务进口的比重不断提升,中国跨境电子商务仍以出口为主,进口为辅,但跨境电子商务出口交易额占比逐年下降,说明中国跨境电子商务进出口结构不断优化(图2-17)。

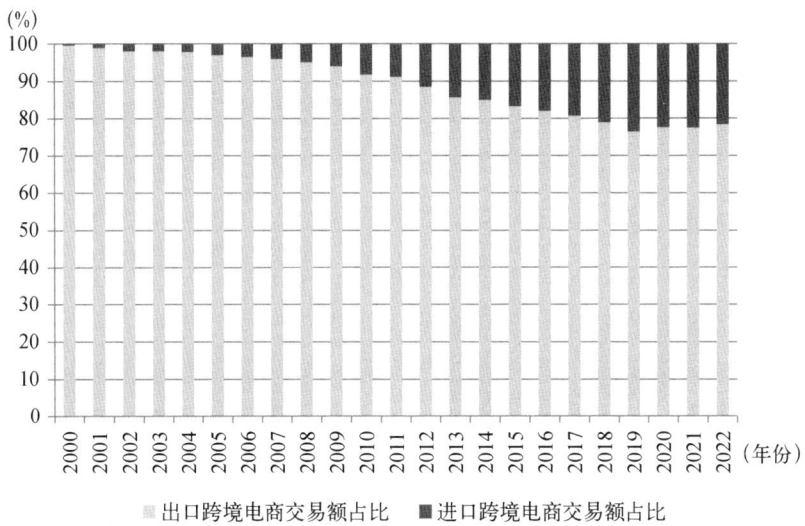

图2-17 2000—2022年中国出口及跨境电子商务进口交易额占比

资料来源:电子商务研究中心。

(四)互联网技术支撑跨境电子商务出口快速发展

互联网技术的发展为跨境电子商务提供了广阔的网络基础设施。高速宽带、光纤网络和移动通信技术的进步使得全球范围内的即时通信、数据传输和交易变得更加可靠和快速。根据国际电信联盟数据,近年来全球网民渗透率不断提升,截至2022年,全球网民人数已增长至53亿人,占全球总人口的66%。世界各国的现代化,使人们能够更频繁、更方便地使用互联网,未来网民的人数预计将会保持增长状态。数字信息技术的发展提供了强大而灵活的电子商务平台,其中安全、便捷和多样化的电子支付系统促进了跨境交易的便利性和效率,平台改变了跨境物流和供应链管理的方式,物联网技术、人工智能等技术的应用使得物流过程更加智能化和高效化,并提升了整体供应链的可视性和透明度。跨境电子商务出口企业入驻全球各大主流跨境电子商务平台,以亚马逊为例,截至2022年,中国卖家占亚马逊所有第三方卖家的63%以上。

(五)消费升级和扩大进口政策刺激跨境电子商务进口高速增长

随着2014年中国首次正式确认跨境电子商务的合法身份,我国近些年来设立了多个自贸试验区和跨境电商综合试点,对跨境电商的进口税率和增值税政策进行了调整,积极推动跨境电商综合服务平台的建设,提供一站式的服务和支持,这些都促进了中国跨境电子商务零售进口贸易快速发展。天猫国际、小红书、唯品会、海囤全球这几个跨境电商平台在市场份额、用户规模和品牌知名度方面表现较好,并且具有强大的供应链、物流配送和支付体系。随着国内人民生活水平不断提高和消费升级需求不断扩大,中国跨境网购人数也不断增加,由2013年的1 000万人迅速增长至2022年的1.68亿人,2022年的跨境进口业务的贸易价值达到约34万亿元。目前最常见的跨境电子商务进口模式是直邮模式和海外仓模式。跨境电子商务进口为中国经济注入了活力和动力,扩大了市场规模,促进了贸易合作,带来了消费增长和就业机会,并推动了产业升级和创新,对中国经济的发展具有重要意义。

(六)区域分布以东部沿海地区为主,中西部成为新增长点

根据海关跨境电子商务通关服务平台统计数据,国内跨境电子商务

企业主要分布于深圳、上海、北京、广州和杭州等电子商务发达的地区。上述地区得到了较强的政策支持、具有较为先进的互联网技术、较为发达的物流体系、较强的市场需求,从而吸引大量的跨境电子商务企业聚集。华南地区包括广东、福建、海南等地,也是中国跨境电子商务零售进出口的重要区域。这里有广州、深圳等国际贸易枢纽城市,以及邻近香港的地理位置优势,便利了与国外的贸易往来。相对而言,西部地区的跨境电子商务零售出口额相对较低。这一部分地区的发展受到基础设施建设和物流瓶颈的限制,以及缺乏商业中心和国际贸易渠道等因素的影响。跨境电商行业具有明显的区域性特征,其发展与区域经济发展水平、地理位置及交通等因素密不可分。

(七)贸易范围不断扩大,丝路电商成为新亮点

中国跨境电子商务的飞速发展不仅体现在市场规模和增速上,还包括电商平台、消费者数量、国际合作和合作区域建设。中国跨境电子商务已涵盖全球大多数发达国家和发展中国家,贸易伙伴国(地区)已超过 220 个,排名靠前的市场主要包括:美国、日本、韩国、英国、德国、澳大利亚等国。这些地区同时也是中国传统外贸的主要出口市场,另外,这些地区高度发达的数字信息技术、强大的消费能力和良好的国际贸易关系等,使得跨境电子商务的发展水平更高。进口方面,随着"一带一路"倡议的推进以及中国进口国际博览会的顺利举办,越来越多的国家参与到"一带一路"中。例如,泰国、新加坡、俄罗斯、波兰、埃及、南非等国,都将成为跨境电子商务发展广大的市场。这些国家通过丝绸电商平台、物流通道建设、合作项目等方式,共同促进"一带一路"丝绸电商的发展,实现互利共赢的合作关系。

(八)跨境电子商务出口和进口品类均以消费品为主

根据电子商务研究中心的数据,中国跨境电子商务出口的产品品类

主要为：服装和饰品、家居和家电、电子产品、母婴用品、化妆品和个人护理、健康食品和保健品、汽车零部件。中国在以上产品品类中具备出口优势，主要得益于其制造能力、资源优势、技术水平、劳动力成本和政府支持等方面的因素。这些优势使得中国在跨境电子商务上具备竞争力，并能持续满足国际消费者对各类产品的需求。进口品类方面，中国跨境网购消费者最常购买的商品品类主要是：进口食品和零食、化妆品和护肤品、母婴用品、时尚服饰和配件。实际上，中国跨境网购消费者的购买需求会根据个人喜好、时尚潮流、文化影响等因素而有所差异。随着消费者对品质和个性化需求的不断提升，未来可能涌现出更多新的进口品类。

第二节　跨境电子商务与传统进出口贸易的比较

一、跨境电子商务与传统进出口贸易的共性

国际贸易的演变是一个历史过程，从 18 世纪 60 年代开始，伴随着国际分工体系的逐步形成，商品交换迅速发展，形成了国际贸易的发展雏形。随着贸易规模的扩大、结构的优化和区域经济一体化的加快发展，国际贸易领域出现了一般贸易、加工贸易、服务贸易、技术贸易和跨境电子商务等不同贸易方式。一般贸易是传统的国际贸易方式，在国际贸易中占有相当大的比重。跨境电子商务是在互联网时代伴随"碎片化、小额化、高频次"的跨境贸易而产生的新业态新模式，是国际贸易的创新发展。两者有以下相同之处。

（一）贸易的行为本质相同

贸易始于史前社会。除了自给自足的生活方式，史前人类还通过自

愿交换物品和服务来满足自己的需求。今天，数万年过去了，贸易的性质没有改变。无论是传统国际贸易还是跨境电子商务，本质上都是商品、服务和生产要素在不同实体之间的转移，通常一方以货币作为兑价获得另一方的商品、服务和生产要素。传统的国际贸易是用货币来交换商品、服务和生产资料，跨境电子商务是用货币来交换传统的实物、数字产品和服务。然而，这并没有改变贸易作为一种交换活动的性质。

（二）贸易的内在动因相同

无论是国内贸易还是国际贸易，贸易活动的内部动机都是相同的。以绝对优势理论和比较优势理论为代表的古典国际贸易理论是研究贸易成因的经典理论。国内区域间贸易的分析也采用了这种分析逻辑。国与国之间技术水平的绝对（相对）差异导致了绝对（相对）成本的差异。一个国家应该生产具有绝对（相对）优势的本国产品，并将其中一些产品交换具有绝对（相对）劣势的产品，贸易双方都将获得更高水平的福利。专业化生产和分工及其带来的规模经济是传统贸易和跨境电子商务的内在驱动力。

（三）贸易的经济意义相同

跨境电子商务与传统国际贸易一样，具有以下经济意义：加强实体间经济关系，削弱信息的不对称；克服各种资源在实体间流动的障碍，调整各地区的资源供求关系和价格；以更加合理的结构促进资源的利用，使各主体能够利用其在资源和技术上的比较优势；激发各主体的创新活力，提高经济效益和生产效率。

二、跨境电子商务与传统进出口贸易的区别

跨境电子商务与传统进出口贸易的一般贸易方式在贸易主体、贸易商品、贸易链条、监管原则、交易模式、征信模式、准入模式等方面都存在较大差异。

(一)贸易主体不同：从大公司到中小企业

进出口贸易中一般贸易的主要商品品类为矿产能源、粮食、医疗用品和机器零件等，这些商品批量大、整体价值大，这就决定了从事一般贸易的主体均是资金规模庞大的公司，从2018年进出口企业20强榜单中，可以看到大部分是大型国有企业和实力雄厚的跨国公司。以前，中小企业参与国际贸易时，长期面临市场不透明、信息获取不足、海关程序烦琐、信用甄别困难、贸易融资不足等问题。现在，数字技术帮助中小企业打破时间、空间和文化的限制，并在线完成交易、支付、通关、物流等系列环节，大大降低了其参与国际贸易的门槛，提升了其参与国际贸易的能力，使其成为全球跨境电子商务的主力军。总之，在跨境电子商务中，中小企业和个人占据更大的比重，即使一些靠近消费端的大型零售商存在将组织形式轻资产、小型化的趋势，这与一般贸易在贸易主体方面也存在较大差异。

(二)贸易商品不同：从生产导向的生产型产品到市场导向的生活消费品

传统外贸出口中一般贸易的商品是生产导向，商品品类以矿产能源、粮食、医疗用品和机器零件等初级产品和中间产品为主，进入国内市场的主要目的是支持国内相关产业的再生产和深加工。这些产品大多不适宜在电子商务平台上进行交易，HS[①]商品中只有其中部分杂项产品适合电

---

① HS 是 Harmonized System 的简称，全称是 International Convention for Harmonized Commodity Description and Coding System，即《商品名称及编码协调制度国际公约》。HS code 是国际贸易中货物身份的识别码，按照商品分类进行管理。

商平台交易。而跨境电子商务的商品是市场导向,多为生活消费品,商品品类以母婴用品类、化妆个护类、食品保健类、服装鞋帽类和家居百货类等为主,重在满足消费者日益增长的美好生活的需要。可见,一般贸易与跨境电子商务的商品品类重合较少。从近几年的经营情况看,跨境电子商务平台经营的80%以上的品类或品牌此前从未通过一般贸易进入中国市场。即使针对普通消费品,一般贸易和跨境电子商务进出口的商品也不尽相同。一般贸易企业大多选择市场上需求量大、普遍认同的大众商品,商品种类少,难以满足个性化的消费需求。而跨境电子商务非常重视消费者差异化、多样化需求,给了长尾产品更大的发展空间,在产品品类的丰富程度上远远超过一般贸易,为消费者提供了更多的选择和机会。

(三)贸易链不同:从链状到扁平

进出口贸易中一般贸易的整个产业链很长,包括生产商、出口商、进口商、渠道商、批发商、零售商,最后才是世界各地的消费者。在这一模式下,中间环节的流通中介获得了对外贸易中的最大利润。跨境电子商务模式打破了过去的渠道垄断,贸易链缩短且更加扁平化,商品直接从生产商到消费者手中,中间流通环节越来越少,扩大了生产商的利润空间,也降低了商品价格,让利广大消费者。此外,由于这种扁平化的贸易方式减少了中间环节,生产商几乎直接面对消费者,可以及时收到来自消费端的反馈,从而促使生产商重视对整个供应链的管理,有利于产品的优化创新以及企业的转型升级。

(四)监管原则不同:从货物到个人自用物品

传统的国际贸易具有周期长、批量大、频率低的特点。然而,跨境电子商务中单个客户与单个客户之间的交易量很小,并且相应的频率也发生了变化,从过去的低频率到现在的高频率。这种频率的变化降低了通关效率,对海关监管提出了新的挑战。且进出口贸易中一般贸易执行货物监管原则,因此进口流程十分复杂,需要提供合同、发货单、装箱单和原产地证等众多单证,特定商品还需要前置审批和注册备案,所以,众多婴幼儿奶粉、化妆品和保健品等更新迭代快的产品通过一般贸易很难进口。跨境电子商务零售进口不同于一般贸易,主要是满足国内居民多元化、品质化消费需求,必须是直接面对消费者且仅限于个人自用。基于这一前提,2018 年 11 月 28 日商务部等六部委下发的《关于完善跨境电子商务零售进口监管有关工作的通知》,对跨境电子商务零售进口商品明确按个人自用进境物品监管,不执行首次进口许可批件、注册或备案要求。

(五)交易模式不同:从单一模式到多种模式并存

进出口贸易中一般贸易只有 B2B 一种模式,而跨境电子商务包括 B2B、B2C 和 C2C 等多种模式,是面向消费者的跨境网络销售模式,颠覆了企业和消费者之间的市场营销、销售和购买商品的模式,为消费者提供预运输、支付和交付方式等一站式服务选项,降低准入门槛,节省成本,为中小微企业带来更多的海外市场链接渠道,提供了面向全球的经济机会。

(六)征信模式不同:从买家信用到全信用模式

传统进出口贸易中一般贸易是以提单为交付凭证,是买家信用,即银行、保险等金融机构为买家提供债权人担保,并得到债务人认同的交易模式。跨境电子商务采用"三单(订单、支付单、物流单)对碰",是完全的第三方协同保障作为交付凭证,是全信用模式,即第三方物流及交易平台方为卖家提供信用保障,支付平台为买卖双方提供信用保障。

(七)准入方式不同:从 WTO 贸易规则到全球公民自由购物权

在传统进出口贸易一般贸易模式下,一国商品进入他国需要遵守

WTO贸易规则,涉及关税壁垒、非关税壁垒(配额、外汇管制)和技术性壁垒等。自2008年以来,G20经济体采取了1 583项新的贸易限制举措。在美国总统贝拉克·奥巴马(Barack Obama)当政的8年里,针对其他国家企业和产品(尤其是中国企业和产品)的反倾销和反补贴("双反")调查层出不穷,报复性措施如"一般301条款""特别301条款""超级301条款"也时有发生。在跨境电子商务模式下,跨境商品可以顺利进入境外消费市场,遵循的是万国邮政联盟的邮政普遍服务和全球公民自由购物权,这是消费者基本权益,关系到亿万民众的福祉,应该得到法律的保护,应成为政府制定政策的基石。

第三节 跨境电子商务影响进出口贸易的理论分析

一、跨境电子商务对国际贸易理论的影响

(一)主流国际贸易理论介绍

国际贸易理论经过200多年的发展,先后经历了古典贸易理论、新古典贸易理论、新贸易理论和新新贸易理论四个主要阶段。国际贸易理论的提出滥觞于亚当·斯密的《国富论》,他提出了绝对优势理论,认为各国在国际分工中只出口本国具有绝对优势的产品;随后大卫·李嘉图提出比较优势理论,这两者主要从生产成本角度出发阐述国际贸易产生的原因,被称为古典贸易理论,其前提假设是劳动是唯一的生产要素,生产效率的差异主要体现在劳动生产率的差别上。随后的要素禀赋理论和特定要素模型成为新古典贸易理论,主要认为两国要素禀赋不同导致商品供给差异,进而产生贸易。古典贸易理论和新古典贸易理论主要解释了发

达国家和发展中国家的产业间贸易模式,但新古典贸易理论认为劳动不是唯一的生产要素,自然资源、资本等也是生产要素,其前提假设是完全竞争市场、产品无差异。新贸易理论则认为商品价格若无差异,规模经济导致两国间产生贸易,其否定了新古典贸易的前提假设,认为是不完全竞争市场、产品异质性且存在规模报酬递增。随后的企业异质性模型和企业内生边界模型被统称为新新贸易理论,该理论的研究重点从传统的产业间贸易转向产业内贸易,从宏观的范畴转向企业微观层面研究国际贸易和跨国公司投资的问题。

从国际贸易理论的简要归纳介绍可以看出,国际贸易理论是在不断发展的过程中依据现实的经济情况不断修正其前提假设,新贸易理论和新新贸易理论因为其前提假设最接近当今国际经济与贸易现实情况,因而在现有理论研究和实践中接受度最广。

(二) 对新新贸易理论的影响

跨境电子商务的快速发展,不仅改变了国际贸易方式和内容,也冲击了国际贸易理论的前提假设,对已有的国际贸易理论提出了新的思考和挑战。

1. "国际贸易固定成本高于国内成本"假设受到挑战

新新贸易成本理论中的企业异质性理论,其前提假设是开展国际贸易的固定成本高于国内成本,即认为因为进入国际市场面临一个固定成本,类似于企业出口的门槛,企业要想进入新的市场必须付出比国内贸易更高的成本。但是在跨境电子商务背景下,跨境电子商务的参与主体是依托各大跨境电子商务平台的中小企业,他们在传统的一般贸易模式下因为固定成本的存在很难参与到国际贸易中来。而随着大型跨境电子商务平台服务生态的不断完善,与传统一般贸易下多为资产规模庞大和有特殊进出口渠道的企业相比,中小企业可以避免固定成本这一门槛,以较低的成本参与到跨境电子商务中。大企业、中小企业同台竞技,形成充分竞争的市场局面,从而促进整个对外贸易的健康发展。因而,跨境电子商务背景下,企业进入国际市场所面临的较高的固定成本将下降,甚至趋近于开展国内贸易的固定成本。

2."企业异质性主要存在于生产率差异"面临挑战

企业异质性理论认为,企业能否出口主要取决于企业的生产率高低,且只有生产率高的企业才有能力从事出口业务。但在跨境电子商务背景下,企业生产率高低不再是决定性因素,且低生产率的企业也有可能进入国际市场。企业出口能力的高低将来源于企业的智能化水平,企业通过互联网技术的应用,利用大数据、云计算、人工智能等数字技术分析不同地区消费者的消费需求,不仅能帮助企业提高利润、增加贸易机会,而且推动企业实现定制化、拉动式的柔性生产供应。且在互联网技术下,企业有机会能直接和海外消费者交流,即使低生产率的企业也可以通过"学习效应""自我选择效应"等定位自己的出口竞争力所在。

3."资本和劳动是最基本的生产要素"命题面临挑战

新新贸易理论的企业内生边界模型认为,跨国公司最基本的生产要素是资本和劳动力。但在跨境电子商务时代,数据(及其包含的信息)是更重要的生产要素。不同国家、不同企业的竞争优势不仅基于资本、劳动力、人才等方面的差异,对数据和信息的获取、使用和反馈能力,可称为信息比较优势,在国际贸易中的重要性越来越明显。如果一国或某一企业没有数据获取能力和应用能力,其参与国际贸易的竞争能力也将明显减弱。数据(及其包含的信息)逐渐成为企业的无形资产和稀缺生产要素,企业必须通过对标数据要素不断提升自身核心竞争力。

4."跨国公司生产要素可以自由流动"命题受到挑战

企业内生边界模型的前提假设是跨国公司内部的生产要素可以自由流动。但在跨境电子商务时代,数据是企业的核心竞争力,逐渐成为稀缺资源和商业秘密,跨国公司母公司或可以对数据享有支配权,但其他子公司或业务部门可能难以获得核心数据的控制能力。即使是最大化数据共享的跨国公司,也很难实现所有要素在公司内部的自由流动。而且在电子商务时代,跨国公司不仅要面临公司内部的制约,还很可能面临各国层面对数据跨境流动的限制和要求。目前全球仍有不少国家禁止跨境数据的自由流动,以及要求计算设施本地化,这使得"生产要素可以自由流动"这一命题受到挑战。

5."跨国公司组织形式只有垂直一体化和外包"命题面临挑战

新新贸易理论的企业内生边界模型认为,跨国公司的生产组织形式只有垂直一体化和外包这两种形式。但在跨境电子商务背景下,以跨境电子商务平台为核心的生态圈才是竞争的主体,企业不能再单纯地将企业竞争策略局限于垂直一体化或外包形式,而必须关注生态系统之间的竞争,企业通过参与到合适的生态圈中利用平台对资源的整合优势,才能不断提升企业的竞争力。

二、跨境电子商务对国际贸易的传导机制

结合对众多学者研究成果的文献综述,本文将从"去中介化""降低交易成本""增加贸易风险"等多个方面对跨境电子商务影响进出口贸易的机理进行全方位的梳理与分析。

(一) 跨境电子商务与贸易中介理论

贸易中介最早在1996年由Spulber提出:"贸易中介指的是一个从事专门从供货商那里购买商品然后转卖给买家,或者是帮助供货商和买家之间达成交易的中介代理机构。"在国际贸易中,贸易中介可以利用其国际营销网络和国外市场了解程度更高等渠道和信息优势,来帮助企业以较低的固定成本进入国际市场,而且在与外贸企业的合作过程中,外贸企

业通过"学习效应"等不断提高自身生产效率，进一步降低企业的边际成本。同时，贸易中介可以帮助企业将精力集中在生产商，其存在使得很多不具备进入国际市场能力的企业有了从事国际贸易的可能性。因此，贸易中介从实质上来说是作为中间商赚取低于企业出口固定成本的差价或服务费，通过影响企业从事国际贸易的固定成本和可变成本来促进国际贸易规模的增长。

但在跨境电子商务时代，互联网技术使得企业和消费者能跨国联系、沟通和交易，减少了贸易的中间环节，弱化了贸易中介的作用，甚至实现了"去中介化"，这意味着国际贸易的供应链不断缩短，商品从制造商到消费者手中经历的加价环节越少，各种相应的贸易成本也下降明显。跨境电子商务一方面冲击着传统贸易中介的作用，另一方面又形成了以跨境电子商务平台为代表的新型贸易平台，这类平台在降低与贸易相关的搜索、宣传和营销、达成交易签约等信息不对称成本方面具有传统贸易中介无法比拟的优势。跨境电子商务平台通过各种新兴技术的应用，使得在线营销、物流查询、跨境支付等一站式服务得以实现，且能够帮助企业和消费者克服语言、文化、距离等障碍，大幅降低国际贸易成本。未来将逐渐形成以跨境电子商务平台为核心，各贸易环节智能联动，贸易各方互利共赢的跨境电子商务有机生态系统。

(二) 跨境电子商务与交易成本理论

交易成本理论最初由罗纳德·哈里科斯(Ronaldh Coase)于1937年在《论企业的性质》一书中提出，也称作交易费用理论。交易成本一般是指人们在一定条件下自愿相互协作达成交易所付出的成本，主要包括决策成本、搜索成本、谈判成本、信息成本、监督成本和违约成本。威廉姆森(Williamson)根据科斯的理论，对交易成本进行了更详细的划分，将其分为事前和事后的买卖费用。他将人的因素和交易环境都纳入了交易成本,并认为由于人类的有限理性和外部环境的突发性,一些增加的交易成本是企业始料未及的。根据交易成本理论,在贸易活动中总是存在相应的贸易成本。贸易成本水平在一定程度上反映了贸易利润的空间和价值,决定了贸易各方的竞争力。

但在跨境电子商务时代,由于跨境电子商务平台的出现以及信息技术的不断应用与革新,交易成本降低,使得中小微企业甚至是个人都能够参与到贸易中来,并从中获益。在一定程度上,跨境电子商务将弱化贸易的地域限制,相关的搜索成本、沟通成本等交易成本也大幅度降低。目前,一些贸易弱势群体的产品和服务质量较高,但由于贸易成本高、信息不对称等问题,进入国际市场比较困难。跨境电子商务的发展为弱势贸易集团进入国际市场开辟了新的渠道。跨境电子商务可以有效减弱信息不对称问题,降低贸易弱势群体进入国际市场的壁垒,从而使各国贸易弱势群体广泛参与国际贸易并从中受益。笔者通过梳理,将中小微企业参与国际贸易的交易成本分为交易前、交易中、交易后三个维度。交易前阶段主要指为了获得交易机会、建立贸易伙伴关系所需要付出的成本,主要由搜索成本、信用成本和学习成本构成,交易中阶段主要是磋商及最终签订合同带来的成本,由沟通成本和签约成本构成,交易后阶段主要是履行合同产生的成本,由制度成本、交付成本和交易成本构成(表 2-1)。可见,跨境电子商务背景下国际贸易相关的交易成本明显降低。

表 2-1 国际贸易相关交易成本的产生与降低

交易阶段		传统贸易时代交易成本的产生	跨境电子商务交易成本的降低
交易前阶段	搜索成本	① 参展及投放广告成本过高	① 网络营销价格低廉且针对性强
		② 搜索方式低效	② 平台使得信息展示的成本降低且更加多样化

续 表

交易阶段		传统贸易时代交易成本的产生	跨境电子商务交易成本的降低
交易前阶段	搜索成本		③ 搜索引擎使得搜索更加高效精准
	信用成本	① 中小微企业信用信息不透明，获取成本高	① 信用评价体系帮助建立信任
			② 中小微企业交易数据沉淀在平台上
	学习成本	① 国际市场环境复杂，调研成本高	① 直面消费者，了解消费者行为
交易中阶段	沟通成本	① 面对面沟通成本大	① 互联网实时沟通，跨越了时空的限制
			② 个性化的沟通转变为一对多的标准化沟通
	签约成本	① 交易方式碎片化，传统市场逐个签约成本大	① 交易碎片化条件下，签约标准化，降低了单个签约成本
交易后阶段	制度成本	① 复杂手续的合规成本对中小微企业来讲相对较高	① 外贸综合服务平台为中小微企业提供了便利、低成本的单一窗口合规服务
	交付成本	① 小订单的交付成本相对过高，使中小微企业缺乏竞争力	① 集约化运输使得成本并未增加
			② 平台集成化服务，提供多个物流选择，增强了中小微企业物流的议价能力
	支付成本	① 信用证付款方式流程复杂，时效性长且手续费高	① 国际信用卡及第三方支付平台到账速度快且手续费较低
		② 其他传统支付方式为解决信任问题附加的成本过高	② 第三方支付平台的担保功能降低了交易的风险，降低了相关的附加成本

资料来源：笔者整理。

（三）跨境电子商务与贸易风险理论

国际贸易风险是指："国际贸易过程中突然发生的某些意料之外的变化，使贸易主体的实际利润或实际成本与预期相差很大，从而使贸易主体遭受损失。"吴建功(2008)认为,与一般贸易风险具有不确定性、复杂性等特点相比,国际贸易风险同样具有这些特点。国际贸易风险的增加可等同于国际贸易成本的提高,对国际贸易规模产生负面影响。

当前,中国跨境电子商务快速发展,但与此相关的跨境电子商务企业在跨境经营中面临的各种风险也不断凸显,成为制约跨境电子商务发展的瓶颈因素。和一般的交易模式不同,跨境电子商务交易双方分属不同国界,如果遭遇信用缺失问题,可能会引发整个市场的逆向选择和道德风险,这也意味着会提高国际贸易的成本。比如,在跨境电子商务出口中,企业不仅可能面临物流风险、囤货滞销风险、知识产权风险、汇率风险等传统国际贸易风险,还可能面临跨平台经营风险、跨境支付风险、尚无统一法律依据的风险、遭遇黑客等技术风险。

三、跨境电子商务贸易效应的数理模型框架

(一) 理论传导框架

根据前述文献,跨境电子商务对贸易中介、交易成本以及贸易风险等的影响,最终将通过对贸易成本的影响进而影响国际贸易。考虑到出口贸易和进口贸易实际上是一体两面,且中国目前跨境电子商务主要以出口为主,本书理论分析部分仅从出口角度考虑跨境电子商务对中国进出口贸易的影响,对跨境电子商务如何影响进口贸易理论不作详细分析。

跨境电子商务通过提高信息效率、交易效率等来提高贸易便利化效率,降低贸易所需的交易成本并刺激企业贸易额增长,从而促进中国的进出口贸易。跨境电子商务平台等新型贸易中介出现,进一步降低企业进出口贸易的固定成本、降低从事进出口贸易的企业门槛,促进贸易主体的多元化,进一步促进出口贸易总额的增长。但不可忽视的是,与传统进出口贸易相比,跨境电子商务也可能产生新的信用风险、法律风险和技术风

险等,从另一个角度提升企业从事国际贸易的风险,使得企业参与国际贸易的成本上升,进而对中国进出口贸易产生负面影响。不管是正面影响还是负面影响,归根结底,跨境电子商务都是通过影响国际贸易成本进而影响国际贸易规模。因为对国际贸易的影响成本有正向也有负向,故根据理论分析,究竟是贸易去中介化、交易成本较低等产生的降低贸易成本作用更强,还是跨境电子商务这一新型贸易方式带来的贸易风险产生的增加贸易成本作用更强,根据纯理论分析,尚无法确切判断跨境电子商务对国际贸易的总体影响是正是负,具体的传导机制如下(图2-18)。

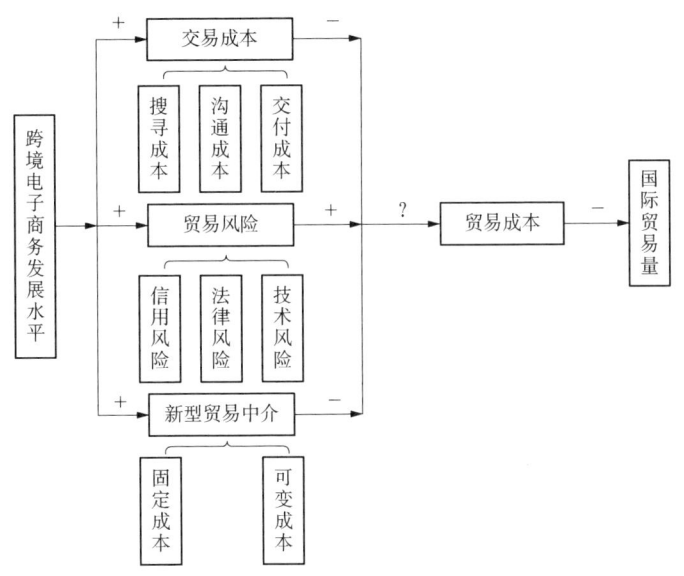

图 2-18 跨境电子商务对国际贸易的传导机制

资料来源:笔者制作。

(二) 垄断竞争数理模型

综上可知,跨境电子商务主要通过改变国际贸易成本来影响国际贸易规模。本书借鉴 Weinhold and Freund(2004)的结论,认为企业利用互联网技术使买卖双方进行直接沟通,降低外贸企业进入新市场的成本。笔者将跨境电子商务发展水平引入垄断竞争模型,从数理模型的角度分析跨境电子商务发展对进出口贸易规模的影响。

由于各国间企业出口竞争力各不相同,企业一般不会选择将产品出口到低利润和高固定成本的市场。而在完全竞争的市场中,不可能有固定成本,因为同一市场中平均成本将超过边际成本,两个不同的出口商无法同时从竞争中获利。固定成本的影响必须包括市场细分和不完全竞争这两个因素。故本文采用的是垄断竞争模型,该模型的前提假设是市场是分割的并且满足古诺均衡,认为提高市场竞争力有利于社会福利的增加。

假设某一国 i 中共有 n_i 个具备出口竞争力的企业,这些企业生产同质性产品。i 国企业出口到 j 国包含的成本包括:边际成本 c、货物运输成本 $T_{ij}=k\times D_{ij}$(k 为常数,表明运输成本和双边国家的距离正相关)。每一个出口企业都有一个出口固定成本 FC_{ij}(包括搜寻成本、国际营销网络建设成本等),固定成本决定一家企业是否选择将产品出口到 j 国市场。假定固定成本 FC_{ij} 在 $[0,FC_{ij}^{max}]$ 之间保持均匀分布。

j 国对同质性产品的市场需求函数为:

$$p_j = a_j - q_j \tag{2-1}$$

式中:p_j 是价格;a_j 为常数,代表 j 国市场的总规模,q_j 代表 j 国市场对产品的需求量。

出口企业利润最大化条件为:

$$\max_{q_{ij}} \pi = \max_{q_{ij}} [(a_j - q_{ij} - q_j^* - c - k \times D_{ij}) \times q_{ij}] - FC_{ij}$$

$$\tag{2-2}$$

式中:q_j^* 表示 j 国市场上其他所有竞争企业销售的产品总数,假设 j 国市场上共有 m_j 个企业参与市场竞争,求解 i 国每个企业出口到 j 国

市场的产品数量 q_{ij}，其古诺均衡为：

$$q_{ij} = \frac{(a_j - c - m_j k D_{ij} + k \sum_{w \neq i} D_{wj})}{m_j + 1} \quad (2-3)$$

$$\approx \frac{(a_j - c - k \bar{D}_j)}{m_j + 1} + \frac{m_j k (\bar{D}_j - D_{ij})}{m_j + 1}$$

式中：m_j 是 j 国市场中参与竞争的企业数量，$\bar{D}_j$ 是向 j 国出口的出口商的平均距离，而且 $k \sum_{w \neq i} D_{wj} \approx (m_j - 1) \bar{D}_j$。

等式(2-3)说明运输成本相对较低(很小的 D_{ij})的企业出口数量相对较大。右边第一项是所有企业都对称($\bar{D}_j = D_{ij}$)时，企业的古诺出口数量，它表明产出随着市场规模(a_j)增加而增加，但随着成本($c + k\bar{D}_j$)和市场中企业数量(m_j)增加而减少。第二项表明出口的不同取决于相对运输成本($\bar{D}_j - D_{ij}$)，因为出口是战略替代的，当其他企业出口减少时，特定企业的出口会增加，说明出日既取决于自己的运输成本，也取决于其他企业的运输成本。当 i 相对于 j 的距离小于平均距离时，企业的出口超过平均出口[即等式(2-3)右边第一项]。

接下来求解企业利润和市场份额的问题，将等式(2-3)代入等式(2-2)中，求解得出利润为：

$$\pi_{ij} = q_{ij}^2 \quad (2-4)$$

由于假定 j 国这一市场是不完全竞争市场，企业可以自由进出，而且企业只有在利润额超过固定成本 FC_{ij} 才会考虑将产品出口到 j 国市场，从而必定存在一个零利润的临界条件，即当利润额等于固定成本时，决定 i 国某企业是否将产品出口至 j 国。

$$\pi_{ij} = FC_{ij}^* \quad (2-5)$$

故而可以求解出 i 国单个企业在 j 国的市场份额为：$\pi_{ij} / FC_{ij}^{\max}$。

综合来看，i 国出口到 j 国的总出口额取决于单个企业的出口份额（$\pi_{ij}/\text{FC}_{ij}^{\max}$）、每个企业的出口数量（$q_{ij}$）、企业总数量 n_i：

$$Q_{ij} = \frac{\pi_{ij}}{\text{FC}_{ij}^{\max}} \times n_i \times q_{ij} = \frac{q_{ij}^3}{\text{FC}_{ij}^{\max}} n_i$$
$$= \frac{n_i(a_j - c - m_j k D_{ij} + k \sum_{w \neq i} D_{wj})3}{\text{FC}_{ij}^{\max}(m_j + 1)^3} \tag{2-6}$$

由此可以得出，固定成本存在时，不完全竞争产品出口贸易的 4 个相关推论：(1) 距离相对较近的国家出口相对较多，因为运输成本相对较低；(2) 固定成本最大值较小的国家（比如，相邻国家、具有历史联系的国家）出口更多，因为出口企业的份额相对较大；(3) 企业向较大市场（a_j 较大）出口更多；(4) 大国（企业数量 n_i 较多的国家）出口更多。这些推论与国际贸易引力模型含义非常一致。

（三）引入跨境电子商务

接下来，本书引入跨境电子商务要素，讨论其对总出口额的影响。当 i 国企业使用跨境电子商务这种新型贸易模式进行出口时，企业进行出口贸易相关的中介成本以及搜索成本、信用成本、交付成本等交易成本会下降，也可能与此相关的贸易风险造成企业维护成本上升，因此本文假定跨境电子商务的引入，主要会对企业出口的固定成本产生影响。i 国企业跨境电子商务的发展水平用 EBCE_{ij} 表示，EBCE_{ij} 越大，说明 i 国企业应用跨境电子商务范围越广，i 国企业通过跨境电子商务这一新型贸易方式与 j 国企业和消费者的联结越深入，因而对其出口的固定成本降低程度就越大，当然也可能因为贸易风险等负面因素的增大使得企业出口额下降，甚至放弃向该市场出口。因此，加入跨境电子商务发展水平这一要素之后，i 国出口到 j 国的总出口额 Q_{ij} 可以表示为：

$$Q_{ij} = \frac{q_{ij}^3}{(1-\text{EBCE}_{ij})\text{FC}_{ij}^{\max}} n_i$$
$$= \frac{n_i(a_j - c - m_j k D_{ij} + k \sum_{w \neq i} D_{wj})3}{(1-\text{EBCE}_{ij})\text{FC}_{ij}^{\max}(m_j+1)3}$$
(2-7)

对(2-7)式进行求导后可知出口量 Q_{ij} 的变化主要与跨境电子商务发展指数 EBCE_{ij} 以及企业利润最大化情况下的出口量 q_{ij} 的变化相关。从上述方程可以看出，跨境电子商务的发展水平对国际贸易成本具有双向的影响，进而对国际贸易规模的影响也具有双向性：当从事跨境电子商务存在的贸易风险使得贸易成本过大时，$\text{EBCE}_{ij} < 0$，跨境电子商务的发展对出口产生了负面影响；当贸易去中介化、减少交易成本等对国际贸易成本的降低作用大于贸易风险所带来的成本上升时，即 $0 < \text{EBCE}_{ij} < 1$，跨境电子商务的发展将提升出口贸易额。即得出的结论是跨境电子商务的发展并不一定促进出口贸易额的增长，只有当跨境电子商务发展到一定程度，贸易风险被控制在一个相对较小的范围内，跨境电子商务这一贸易模式才能存在，才会被外贸企业所采纳。此外，i 国的总出口额 Q_{ij} 还受出口目的国 j 国总体的市场规模(a_j)、出口目的国市场参与竞争的企业数量(m_j)和贸易双方距离(D_{ij})的影响。

第三章 | 国内外跨境电子商务统计理论与测度实践研究

- 第一节 国外跨境电子商务统计理论与测度实践
- 第二节 国内跨境电子商务统计理论与测度实践
- 第三节 国内外跨境电子商务统计理论与测度实践比较

第三章 | 国内外跨境电子商务统计理论与测度实践研究

近年来,全球跨境电子商务发展迅速,成为进出口贸易增长的突出亮点,与之相关的跨境电子商务统计与测度也逐步受到重视。由于跨境电子商务交易高频次、小额化、碎片化等特点,对其统计与测度仍旧是国际性难题。然而,对跨境电子商务开展有效的统计和测度,具有重要的意义。官方发布的跨境电子商务数据及最新的发展情况等将有助于消费者加强对跨境电子商务产品原产地和质量的认知,并有助于加强消费者权益保护;跨境电子商务相关企业利用官方数据作为跨境电子商务业务运营和决策的重要依据,有助于企业了解消费者需求和消费趋势,有效开展跨境电子商务新领域的业务;同时,连续、系统性的数据渠道是政府宏观调控和管理跨境电子商务发展的有效工具,有助于海关等政府部门分析政策的应用,及时调整和更新不合理的政策。

总体来说,目前全球范围内关于跨境电子商务的统计数据很少,大多数对电子商务的统计并没有明确区分它是国内的还是跨境的。虽然有关电子商务零售额价值的官方数据越来越多,全球出口贸易前10名经济体中有7个报告了政府机构编制的电子商务数据,但关于跨境电子商务价值的官方统计数据只有日本、韩国等少数国家。国际上现有的跨境电子商务官方统计数据基本都来自基于ICT(Information and Communications Technology,全球信息与通信技术)专项调查的企业和家庭/个人电子商务(包括跨境)使用情况,前者可以捕获B2C和B2B电子商务交易,主要反映供给侧的数据;后者可以捕获B2C和C2C交易,主要反映需求侧的数据。另外还有其他综合性官方数据来源,如国际收支和邮政快递等统计数据,可以作为跨境电子商务统计途径的有效补充。商业机构、电子商务企业发布的研究报告和财务报表等非官方统计部门来源数据也是对跨境电子商务统计数据的很好补充,但其普遍问题是缺乏统计使用方法的细节,例如统计数据并未明确是否同时包含货物和服务。

第一节　国外跨境电子商务统计理论与测度实践

一、国外官方跨境电子商务统计理论与测度实践

目前,诸多发达国家在电子商务统计与测度方面已经拥有了比较完善的体系。早在20世纪90年代,OECD就对电子商务进行了定义研究工作,并通过构建模型建立了一套测度电子商务的统计指标体系。欧盟及成员国、加拿大以及亚洲的日本、韩国都建立了各自的电子商务统计与测度体系。然而,关于跨境电子商务的统计与测度仍是全球性的难题,目前仅有部分国际组织在改善跨境电子商务统计与测度方面做一些工作,少数发达国家有公开跨境电子商务的数据。

全球关于电子商务的统计与测度主要基于ICT专项调查。在全球范围内,当前对ICT专项调查的代表性研究包括OECD、EU,以及测量ICT促进发展的伙伴关系组织(Partnership on Measuring ICT for Dvelopment,简称伙伴关系组织)的研究。伙伴关系组织成立于2004年,目前由14个地区和国家组织组成[1],以国际电信联盟等为代表的这一合作关系旨在

---

[1] 测量ICT促进发展的伙伴关系组织(Partnershipon Measuring ICT for Dvelopment)成员:国际电信联盟(ITU)、经济合作与发展组织(OECD)、联合国贸易和发展会议(UNCTAD)、教科文组织统计研究所(UIS)、联合国经济和社会事务部(UNDESA)、世界银行(WB)、联合国大学可持续发展高等研究所(UNU-IAS)、联合国非洲经济委员会(ECA)、联合国亚洲及太平洋经济社会委员会(ESCAP)、联合国西亚经济社会委员会(ESCWA)、欧洲统计局(Eurostat)、联合国环境署可持续建筑和气候促进会(UNEP-SBCI)、国际劳工组织(ILO)、联合国拉丁美洲和加勒比地区经济委员会(ECLAC)。

促进和提高 ICT 统计数据的全球可用性。此外,为了改善跨境电子商务统计数据齐备性的问题,经济合作与发展组织、联合国贸易和发展会议、万国邮政联盟、世界海关组织和世界贸易组织也联合采取了一项改善跨境电子商务统计与测度的举措,世界海关组织最近设立了电子商务问题工作组,20 国集团在 2017 年德国担任主席期间也把工作侧重点放在更有效地衡量和理解电子商务及其发展层面。加拿大、西班牙、韩国和日本等国则是目前全球仅有的几个基于对 ICT 专项调查获取并公开了跨境电子商务数据的国家,其他国家暂无公开跨境电子商务的官方数据。

(一)国际组织

1. 经济合作与发展组织(OECD)

OECD 关于电子商务的研究始于 1997 年,其目的是"建立一系列定义和方法,以促进信息社会和电子商务汇编具有国际可比性的数据"。OECD 于 1999 年成立了信息社会指标工作组(Working Party on Indicators for the Information Society,WPIIS),以开发指标来衡量 ICT 基础设施、相关服务、内容和应用系统,其中包括电子商务的定义、衡量及其经济和社会影响。OECD 为电子商务的定义、问卷模板、指标衡量的优先次序以及统计标准的发展做出了重大贡献。其中,OECD 提出的调查问卷模板涉及企业和家庭(个人),主要衡量电子商务准备、使用强度和影响的三个方面。OECD 关于电子商务的研究不仅为跨境电子商务测度提供了理论框架和问卷调查模板,现有指标体系中还包含有部分直接反映跨境电子商务信息的指标。

(1)电子商务统计优先度的建议。目前国际上对电子商务测度指标的框架已经达成共识,这一框架来自 OECD 的《电子商务的定义与测度》(*Defining and measuring e-commerce*),其提出了衡量电子商务发展的生命周期模型。该模型采用罗杰斯创新扩散理论的 S 曲线（sigmoid function）来描述，将电子商务的发展分为三个阶段：首先，电子商务的准备模块（e-commerce readiness），即支持电子商务发展所必需的技术、基础设施；其次，电子商务的使用强度模块（e-commerce intensity），即电子商务发展的规模和应用程度，包括企业电子商务应用情况、个人应用情况、电子商务交易规模等；再次，电子商务的影响和作用模块（e-commerce impact），即发现电子商务的增加值和乘数效应，评估电子商务在提升经济和社会活动效率中的特殊贡献。由于衡量的困难，OECD 提出了对电子商务统计优先度的建议，即建议先进行前两个维度（准备度和应用度）指标的衡量。这一模型成为后续国内外许多关于电子商务相关研究的指标体系的模型基础。OECD 对电子商务统计优先度的建议及具体指标体系如下表 3-1、表 3-2、表 3-3、表 3-4 所示。

表 3-1　OECD 建议优先测度的电子商务维度

内　容	测量的优先方面	次优先衡量的方面
维　度	电子商务的"准备"与"应用"	电子商务对社会的影响度
部　门	企业部门、家庭（个人）	政府
定性或定量	定性指标居多	量化指标居多

资料来源：笔者根据 OECD 文件整理。

表 3-2　OECD 建议优先测度的电子商务"准备度"与"应用度"指标

"准备度"指标	"应用度"指标
计算机的可获得性	计算机的应用
使用 WWW 网站	网站的使用

续　表

"准备度"指标	"应用度"指标
互联网接入	互联网使用的程度
ICT 技术	利用互联网进行销售和采购的数量
应用 ICT 技术遇到的障碍	利用互联网进行销售和采购支付的金额
考虑 ICT 技术应用的好处	在互联网上购买或出售的产品类别等

资料来源：笔者根据 OECD 文件整理。

表 3-3　OECD 建议优先测度的电子商务"准备度"指标排序

指标类型	具体指标	理由和排序
电脑的可访问性	拥有电脑的企业数量和比例	指标简单易行，易于收集和获取
	拥有电脑的企业中的员工数量和比例	
互联网访问	企业接入互联网的数量和比例	指标简单易行，易于收集和获取
	企业接入互联网的员工比例	
ICT 技术	具有 ICT 相关技术的员工比例	技术测量很困难，但是否缺乏技能很难通过调查问卷来获取
	缺乏 ICT 技术企业的比例	
ICT 应用的障碍	ICT 应用面临问题的企业数量和比例	各国政府可能会非常关注采用新技术的障碍，但这些障碍是很难通过问卷调查来获取的
	ICT 应用面临问题的企业员工数量和比例	
ICT 应用的好处	应用 ICT 技术获益的单位数量和比例	各国政府可能会非常关注应用这个问题，但很难通过问卷调查来获取
	应用 ICT 技术获益的单位员工数量和比例	

资料来源：笔者根据 OECD 文件整理。

表 3-4 OECD 建议优先测度的电子商务"应用度"指标排序

指标类型	具 体 指 标	理 由 和 排 序
实际和计划使用的计算机	每人每周使用小时数、每人每周使用频率、计划购置计算机的数量和比例、从事某些业务流程/活动的家庭数量和比例	前2个指标并不是专门应用于电子商务,而是衡量个人互联网使用的重要指标,后面的指标也不是只衡量电子商务,但主要用来测度家庭
网站的使用	拥有网站的企业数量和地址、从事网站某些业务流程/活动的单位数量及比例	衡量企业使用网站从事电子商务活动的重要指标
Internet 的实际和计划使用	每人每周使用小时数、每人每周使用频率、计划使用基于网络通信协议网络的企业数地址和比率、从事某些业务流程/活动的企业数量和比例	前2个指标较难收集,主要与个人有关,一般不作为衡量企业和政府使用电子商务的指标
进行销售/采购	基于网络通信协议的销售/采购订单的单位贡献和比例、通过其他计算机网络下达的销售/采购订单的数量和比例、基于网络通信协议的销售使用、使用其他计算机网络的销售额/购买量、基于网络通信协议的销售/采购订单比例、使用其他计算机网络的销售/购买比率	销售/采购金额是政府十分关注的问题,较多的国家因为没有开展相关交易而收集不到信息
出售/购买的产品和服务类型	销售/购买某些种类产品和服务的个人(家庭)数量和比例、特定类别产品和服务的销售额/购买量	家庭调查能收集到这类指标,但对于政府部门而言优先度可靠后
出售/购买的产品和服务的来源地或目的地	在海外销售/购买的企业/个人(家庭)数量和比例、海外销售额/采购额	虽然这些跨境数据对政策制定有意义,但很难收集,因为调查对象很难记住或区分所购买/销售商品的来源地/目的地

资料来源:笔者根据 OECD 文件整理。

(2) 企业 ICT 应用与电子商务模板问卷。OECD 关于企业 ICT 应用与电子商务模板问卷在 2001 年正式发布,2005 年和 2013 年进行了修订。问卷模板由各自独立又成体系的模块组成。当技术或策略优先级发生变化时,可以添加模块或向现有模块添加新的指标。模块可以一起使用,也可以作为单独的模块在调查中使用,这既具有国家特有的信息,又具有进行国际比较的可能性。2013年修订版本问卷调查模板包括5个核心模块和7个补充模块,共包括79个指标(表3-5)。其中,与电子商务直接相关的是模块D,共包含8个指标、4个核心指标和4个辅助指标,能直接反映跨境电子商务相关信息的指标有2个,即辅助指标——按客户(B2X)和地理区域(国家/地区与其他地区)划分的网络销售百分比细分、按地区划分的EDI销售百分比细分(国家/地区与其他地区)(表3-6)。

表3-5 OECD关于企业ICT应用与电子商务模板问卷(2013年版)

	2013年版本的模块结构和内容	2013年版指标数	2005年版指标数	2013年版与2005年版的对比
核心模块	A. 连通性:计算机、互联网和宽带的基本接入和使用,以及与公司结构相关的指标。补充指标涉及正在出现的远程访问和最佳连接障碍问题	7	6	列表已更新。引入了速度层、远程访问和连接问题
	B. 网站:企业在互联网上的存在,以及如何将网站整合到其业务功能中。网站的电子商务能力被认为是核心,但网站管理的其他特点也被采集	4	3	网站管理、引导网站流量的策略
	C. 信息管理(和共享)工具:企业使用内网和外网、EDI、ERP、CRM、电子发票,以及这些工具如何集成到不同的业务功能中	14	2	几个新元素(ERP,电子发票)和更广泛的范围
	D. 电子商务:在线采购和销售,以及与此相关的交易渠道、客户类型和地理位置采集的电子商务信息	8	8	改进各项指标结构,更新电子商务的定义
	E. 安全和隐私(政策和事件):研究在这些领域中风险预防的具体政策的执行情况,事件的发生和相关性,以及事件响应政策	8	2	隐私、事件相关性和响应策略。范围的整体改善

续　表

2013年版本的模块结构和内容		2013年版指标数	2005年版指标数	2013年版与2005年版的对比
辅助模块	F. 电子政府：使用ICT工具与政府部门进行互动，以及互动和使用限制的方式和类型	3	1	电子行政程序及障碍列表
	G. ICT的其他用途：RFID的扩散（和特性）、云计算、数据分析和ICT储存政策	11	—	新主题（RFID、云计算、数据）
	H. ICT技能：对ICT技能工人的需求和雇用，包括未满足的需求和雇用ICT专业人员的已知动机	8	—	新主题
	I. ICT支出和获取：按工具类型（如软件和硬件）和如何获取这些资产来划分ICT资源	4	—	新主题
	J. 开源软件：自由与私有软件解决方案的扩散，以及前者的特点	1	—	新主题
	K. 社交媒体的使用：企业在社交媒体上的存在，以及部署的目标和策略	3	—	新主题
	L. 采用ICT的影响：宽带、电子商务和ERP/CRM的好处和影响，以及采用的障碍	2	2	更广泛的应用程序和最新的项目列表
背景资料：详细说明企业特征的辅助变量（活动部门、营业额、就业等），如果没有从其他地方收集，或者需要与现有来源核对		6	3	关于企业采购和所属集团的信息
指标的总数		79	27	—

资料来源：笔者根据OECD文件整理。

表3-6　OECD企业ICT应用与电子商务模板问卷
（2013年版）中的电子商务指标

	指　标　名　称
核心指标	1. 进行电子销售的企业（占企业的百分比）
	2. 按平台（EDI，Web）和客户（B2X）的电子销售价值（占企业总营业额的百分比，包括按平台和客户划分）

续 表

	指 标 名 称
核心指标	3. 进行电子采购的企业(占企业的百分比)
	4. 按平台(EDI,Web)的电子购买价值(占企业总购买额的百分比,包括按平台划分)
辅助指标	1. 按客户(B2X)和地理区域(国家/地区与其他地区)划分的网络销售百分比细分
	2. 网络销售接受的支付方式(在线与离线)(平均企业百分比)
	3. 网络销售的障碍(企业中项目的相关性百分比)
	4. 按地区划分的EDI销售百分比细分(国家/地区与其他地区)

资料来源:笔者根据OECD文件整理。

(3)家庭(个人)ICT应用与电子商务模板问卷。OECD关于家庭(个人)ICT应用和电子商务的问卷调查表由澳大利亚负责完成并于2000年提交了该模板,OECD在2002年予以采用,2005年、2013年进行了修订(表3-7)。最新的2013年版共包括两部分63个指标,第一部分包括关于家庭ICT接入的2个模块,第二部分包含个人ICT使用的9个模块(7个核心模块)。其中,与电子商务直接相关的指标共7个,包括2个核心指标和5个辅助指标;能反映电子商务跨境信息的指标有1个,即卖方所在地:国内或国外(所占百分比)(表3-8)。

表3-7　OECD关于家庭(个人)ICT应用与电子商务模板问卷

2013年版本的模块结构和内容		2013年版指标数	2005年版指标数	2013年版与2005年版的对比
核心模块	模块Ⅰ.家庭ICT的接入			
	A. 对计算机的访问:对计算机的基本访问。补充问题与计算机的类型有关	2	5	更新列表。引入了速度层和分布式访问问题

续 表

2013年版本的模块结构和内容		2013年版指标数	2005年版指标数	2013年版与2005年版的对比
	B. 访问Internet：具有连接类型和速度的家庭基本Internet访问。补充问题涉及分布式信号和无法访问的原因	6		
	模块Ⅱ. 个人ICT的接入			
核心模块	C. 获得ICT和互联网使用：使用不同类型的ICT设备以及频率和使用地点。补充问题涉及使用强度（时间），连接类型和移动连接障碍	13	12	深入测量使用频率和强度。关于流动性的新问题
	D. 私人目的的互联网活动：在线活动。补充性问题与通过移动网络连接进行的活动，与主要在线活动类型的频率以及使用强度有关	8	1	更新列表。通过移动连接在线活动。与交流有关的活动强度。关注与健康有关的问题
	E. 商业用途的互联网使用：工作中互联网使用的频率。远程办公和其他目的远程连接目的是与在线工作有关的活动	3	—	新话题
	F. 电子政务：使用ICT与政府部门互动，互动的方式和类型。补充性问题与满意度和感知障碍有关	4	4	更新列表
	G. 电子商务：在线购买的商品和服务的类型和频率。补充性问题涉及购买的强度和数量，付款方式，提供者的地理位置以及发现的障碍	7	4	强度和付款方式
	H. ICT技能：计算机和互联网技能水平。有关ICT技能获取渠道的补充问题	3	—	新话题
	I. 安全和隐私：遇到的IT保护工具和安全事件。补充问题涉及IT保护工具的更新频率以及不使用此类工具的原因	5	3	IT保护工具的更新频率，事件类型的扩展，事件后的措施以及不使用此类工具的原因

续 表

2013年版本的模块结构和内容		2013年版指标数	2005年版指标数	2013年版与2005年版的对比
补充模块	J. 在线保护儿童(家庭层面):遇到的受害形式与儿童在家中使用互联网有关的保护措施	2	—	新话题
	K. 学校的互联网活动:获得信息通信技术,互联网使用强度,基于计算机/互联网的活动的频率	4	—	新主题(受OECD PISA调查启发)
背景信息:详细说明有关家庭/个人特征(年龄、性别、教育程度和就业状况)		6	3	详细列表
指标的总数		63	32	

资料来源:笔者根据OECD文件整理。

表3-8　OECD家庭(个人)ICT与电子商务模板问卷中的跨境电子商务指标(2013年版)

电子商务模块	指　标　名　称
核心指标	1. 最近发生的在线购物(占个人在线购物的百分比及频率)
	2. 在线购买的商品和服务的类型(每种项目的相关度百分比)
辅助指标	1. 最近3个月在线发布的订单数量(按渠道划分)(括号中的百分比,以及网络版和应用版)
	2. 卖方所在地:国内或国外(所占百分比)
	3. 网上购物支出金额(按价值划分的购买者所占百分比)
	4. 在线购买的支付渠道(按渠道占购买者的百分比)
	5. 不在线购买的原因(每种原因所占的百分比)

资料来源:笔者根据OECD文件整理。

(4)OECD数据库。根据OECD数据库公布的数据,含有电子商务的数据主要有两部分:家庭和个人ICT接入和使用(ICT Access and

Usage by Households and Individuals)、企业 ICT 接入和使用(ICT Access and Usage by Businesses),前者数据库根据 OECD 关于家庭和个人 ICT 获取和使用问卷调查(The OECD Model Survey on ICT Usage by Businesses:2nd revision,2015)提供了 92 个指标的数据,其中电子商务模块共 15 个指标,但并未包含提供跨境电子商务信息的数据;后者数据库根据 OECD 关于企业 ICT 获取和使用问卷调查(The OECD Model Survey on ICT Access and Usage by Households and Individuals:2nd revision,2015)提供了 51 个指标的选择,其中电子商务模块共包含 10 个指标,但也并未包括提供有跨境电子商务信息的数据。OECD 数据库中关于电子商务的指标数据主要有两个来源:一是收集自 OECD 成员国或主要合作伙伴的数据,如澳大利亚、巴西、加拿大、哥斯达黎加、智利、哥伦比亚、以色列、日本、韩国、墨西哥、新西兰、瑞士和美国等;二是欧盟统计局统计的部分 OECD 成员国国家的家庭和个人,以及企业电子商务的统计数字。

2. 欧盟(EU)

EU 在电子商务的统计与测度(包括跨境跨境电子商务)的研究方面也处于世界领先地位。自 2002 年以来,EU 一直进行年度 ICT 专项调查,该调查用于衡量企业和家庭/个人中 ICT 和电子商务的发展。欧盟统计局(Eurostat)与来自其成员国及其他参与国的信息社会统计学家密切合作,制定并开展关于家庭和个人 ICT 使用和电子商务的年度调查,以及关于企业 ICT 使用和电子商务的调查。欧盟统计局 2007 年出版的《信息社会统计数据方法手册》中详细介绍了欧盟企业和家庭/个人 ICT 和电子商务调查的调查方法、调查问卷等方面内容。欧盟和 OECD 在电子商务调查研究中紧密合作,一些 OECD 国家也使用欧盟调查表进行调查。

(1)企业 ICT 使用和电子商务调查问卷模板。欧盟统计局自 2002 年以来,就开始开展"企业 ICT 使用和电子商务情况"的社会调查,收集有关信息和通信技术、互联网、电子政务、电子商务和电子商务在企业中的使用情况的数据,最新的 2019 年版的调查问卷共包括 7 个模块 44 个问题,其中电子商务模块共 11 个问题,其中涉及跨境电子商务相关的问题主要包括:询问企业通过网络购物接收到的订单来源于本国、欧盟其他地区及欧盟外其他国家/地区的比例,以及卖往其他国家和地区遇到的问题等(表 3-9)。

表 3-9 欧盟企业 ICT 使用和电子商务调查问卷(2019 年版)

	主 要 内 容	包含的指标问题数量
模块 A:电脑的使用	企业电脑使用的程度	2
模块 B:ICT 专家和技能	雇用 ICT 专业人才和相关技能的问题	5
模块 C:互联网的接入和使用	包含连接固定宽带到互联网用于商业目的、连接移动网络用于商业目的、网站和社交网络的使用等问题	12
模块 D:企业信息化建设	企业内部信息化建设相关问题	2
模块 E:ICT 安全	企业为确保 ICT 系统安全性而采取的措施等	8
模块 F:电子商务	包含电子商务的定义介绍以及电子商务销售(包括网络销售商品或服务、EDI 销售)的相关问题	11
模块 G:背景信息	企业的主要经济活动、雇用员工数量和总周转率等信息	3

资料来源:欧盟统计局。

(2)家庭和个人 ICT 和电子商务使用调查问卷模板。欧盟统计局自 2002 年以来,就开始开展"家庭和个人 ICT 和电子商务使用问卷调查",

收集有关家庭和个人ICT、互联网、电子政务、电子商务等的使用情况,最新2019年版的调查问卷共包括7个模块44个问题,其中电子商务模块共9个问题,其中有涉及跨境电子商务相关的问题主要包括——询问在网上购物的来源:国内卖家、来自其他欧盟国家的卖方、来自世界各地的卖家、不知道卖方的原籍国等(表3-10)。

表3-10 欧盟家庭和个人ICT与电子商务使用的问卷调查模板(2019年版)

主要内容		指标数量
模块A:家庭ICT的接入	关于个人是否在家里接入互联网以及接入类型等问题	3
模块B:互联网的使用	主要询问个人在任何位置(家庭、工作或其他地方)的互联网使用情况	10
模块C:电子政务的应用	询问通过互联网与纳税申报、公共教育服务等公共部门的联系	2
模块D:电子商务的使用	询问个人是否通过网站或应用程序购买供私人使用的物品相关的问题	9
模块E:电子技能	询问是否使用或具有相关技能	2
模块F:网络安全	涉及个人使用网站或应用程序在互联网上进行活动的安全问题	4
模块G:背景信息	个人年龄、性别、所在地、教育水平等信息	14

资料来源:欧盟统计局。

(3)欧盟统计局数据库。欧盟统计局官方网站及时地公布了大量的统计数据,并且用户可动态获取相应数据,根据统计手册和数据意义可知,在数据库目录树:Industry, trade and services/Information society statistics下包含了与电子商务相关的信息社会统计的所有统计项。

① 企业开展跨境电子商务情况。关于跨境电子商务方面,欧盟统计

局根据各成员国统计局通过上述企业ICT使用和电子商务调查问卷收集相关跨境电子商务信息,并发布企业是否利用互联网进行海外销售等数据,该数据是指已经进行了销售(收到了订单)但没有提供相应价值信息的企业比例。这些数据统计的是互联网销售总额,并不区分B2B和B2C。在跨境数据方面,主要调查收集了在线销售目的地是自己的国家、其他欧盟国家还是世界其他地区的信息。

"2022年企业ICT的使用和电子商务"147万家企业问卷调查的结果表明:2021年,欧盟27国中,约有19.4%的企业从事电子商务进行销售,几乎所有拥有网络销售的欧盟企业都报告称,他们向自己国家的客户销售了(18.5%),而8.1%的企业向其他欧盟国家进行了网络销售。2021年,欧盟企业在网上向其他欧盟国家销售的比例最高的是奥地利(13.8%),其次是荷兰(13.6%)、比利时和立陶宛(均为13.0%)。相比之下,罗马尼亚(2.4%)和保加利亚(4.6%)对其他欧盟国家的网络销售最低。

2021年期间,大多数通过网站或应用程序收到订单的欧盟企业(62%)表示向其他欧盟成员国的网络销售没有困难。但是,近四成(37%)的企业表示存在阻碍因素,主要涉及:经济原因——如产品交付或退货的高成本(27%);语言和技术障碍——如缺乏外语知识(11%)或修改产品标签(10%);司法原因——如与解决投诉和纠纷有关(11%)(图3-1)。

② 家庭/个人开展跨境电子商务情况。欧盟统计局根据各成员国统计局开展的"家庭和个人ICT使用和电子商务发展"问卷调查收集欧盟国家互联网用户海外在线购物比例的数据,网上购物的价值数据没有被收集。从欧盟其他成员国网购和非欧盟国家网购是有区别的。调查问卷的前提假设是这些在线购物是零售购买,且互联网用户知道该网站实际上是海外的,而不是由设在他们自己国家的外国公司拥有的网站,如不是

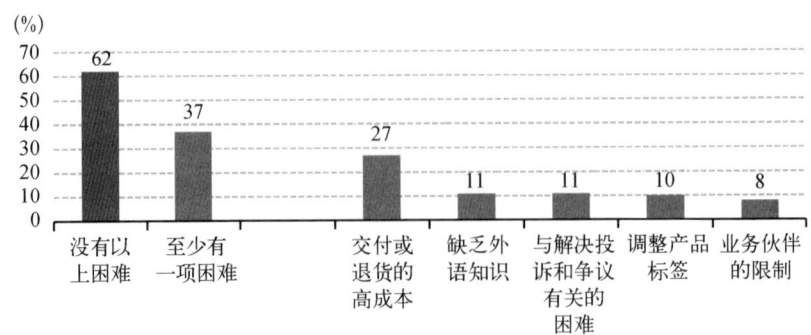

图3-1 欧盟成员国开展跨境销售遇到的问题比例

资料来源：欧盟统计局。

亚马逊(Amazon)等网络零售商或eBay等电子商务平台在本国开设的网站。网上购物的价值数据没有被收集。在过去的几年里，欧盟网购者从本国网站购买商品的比例并没有太大的波动，2018年为88%，2021年为84%。从2014年到2021年，从其他欧盟成员国网站购买的比例增长了3个百分点，从2018年的29%增长到2021年的32%。欧盟大约13%的网上购物者不知道网上商店的位置(图3-2)。而且欧盟内部存在巨大的国家差异。在塞浦路斯、马耳他和卢森堡，超过80%的网上购物者从国外网站购物，而在波兰和罗马尼亚，这一比例仅为15%。在许多欧盟小的国家，访问外国网站的购物者比例很高，这表明消费者可能正在替代有限或价格更高的国内零售选择。

3. 国际电信联盟(ITU)

ITU负责正式收集和报告联合国系统内的全球及各国的电信/ICT数据和统计数字，包括国际组织(如世界银行)及外部(如世界经济论坛、互联网世界统计数据网站)使用的数据。国际电信联盟直接从各国收集两套关键数据：从国家电信/ICT部门和监管机构获取的电信/ICT数据，其中包括固定电话网络、移动蜂窝服务、互联网/宽带、流量、收入和投资

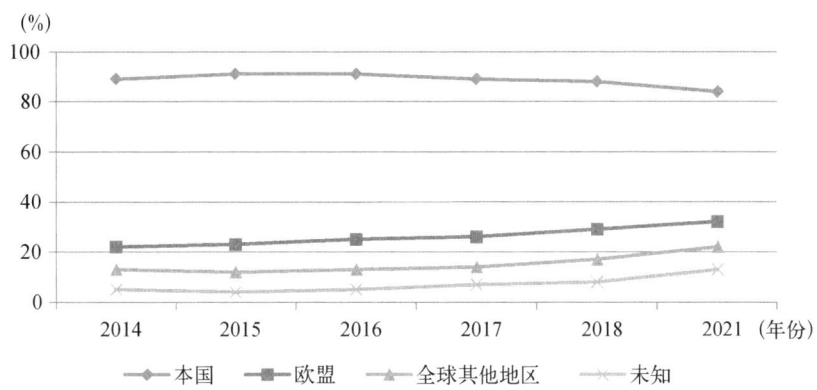

图 3-2　欧盟按网上商店地点划分的网上购物者百分比

资料来源：欧盟统计局。

的供应端数据和 ICT 服务的价格；从各国国家统计局获取的家庭 ICT 数据，这包括关于家庭 ICT 接入和个人 ICT 使用的需求端数据。

以 ITU 为代表的伙伴关系组织在其出版物《ICT 核心指标》和《ICT 测度：ICT 指标的世界地位》中构建了一套具有国际统一标准的 ICT 核心指标体系，该指标体系赢得了联合国统计委员会的接受并不断更新，已成为世界各地具有国际可比性的 ICT 统计数据的集合。越来越多的国家将这些指标纳入企业、家庭和个人对 ICT 使用的具体调查中。最新的 ICT 核心指标为 2010 年的版本，含有 46 项 ICT 指标和两项参考指标（2005 年版的清单则包含 41 项 ICT 指标和一项参考指标），涵盖领域包括有关 ICT 基础设施和接入的核心指标、有关家庭及个人接入并使用 ICT 的核心指标、有关企业使用 ICT 的核心指标、ICT（制造）行业的核心指标、ICT 商品国际贸易的核心指标、教育中的 ICT 核心指标（表 3-11）。且国际电信联盟根据核心指标清单编制的《衡量 ICT 家庭和个人接入和使用手册》于 2009 年出版并在 2014 年进行部分指标的更新。

表 3-11　国际电信联盟 ICT 核心指标(2010 年版)

ICT 核心指标	数量	具 体 指 标	数据来源
A. 有关 ICT 基础设施和接入的核心指标	10	A1 每 100 名居民的固定电话线 A2 每 100 名居民中的移动蜂窝电话订户 A3 每 100 名居民中固定互联网订户 A4 每 100 名居民的固定宽带互联网订户 A5 每 100 名居民的移动宽带订阅量 A6 每个居民的国际互联网带宽(比特/秒/居民) A7 移动蜂窝电话网络覆盖的人口百分比 A8 每月固定宽带互联网接入资费(美元)占人均月收入的百分比 A9 每月以美元为单位的移动蜂窝电话预付费资费占人均月收入的百分比 A10 具有公共互联网访问中心(PIAC)的地区的百分比	由 ITU 收集,作为更广泛的电信指标集合的一部分。主要来源是对电信部门和一些私营公司的年度调查,其他来源包括电信监管机构,政府部门和运营商的报告
HH. 有关家庭及个人接入并使用 ICT 的核心指标	13	HH1 拥有收音机的家庭比例 HH2 有电视的家庭比例 HH3 有电话的家庭比例 HH4 拥有计算机的家庭比例 HH5 最近 12 个月内使用计算机的个人比例 HH6 可上网的家庭比例 HH7 最近 12 个月内使用互联网的个人比例 HH8 最近 12 个月个人使用互联网的位置 HH9 个人在过去 12 个月内进行的互联网活动 HH10 最近 12 个月内使用移动蜂窝电话的个人比例 HH11 按访问类型划分的可访问互联网的家庭比例 HH12 最近 12 个月个人使用互联网的频率 HHR1 有电家庭的比例	ICT 家庭统计数据通常是由国家统计部门开展家庭调查收集,大多数发达国家经济体已经使用经济合作与发展组织和欧盟统计局推荐的调查表样本收集了这些统计数据。其他国家正在使用伙伴关系组织建议的核心指标和相关标准来收集这些指标
B. 有关企业使用 ICT 的核心指标	12	B1 使用计算机的企业比例 B2 企业雇用的经常使用计算机的人员比例 B3 使用互联网的企业比例 B4 企业雇用的经常使用互联网的人员比例 B5 具有网络业务的企业比例 B6 具有企业内部网的企业比例 B7 通过互联网接收订单的企业比例 B8 通过互联网下订单的企业比例 B9 按访问类型划分的使用互联网的企业比例 B10 具有局域网的企业比例 B11 具有企业外部网的企业比例 B12 使用互联网开展不同类型活动的企业比例	通常是由国家统计局通过对企业使用 ICT 的独立调查或在另一项商业调查中对 ICT 使用问题的模块进行收集而收集的。除了 OECD 成员国以及欧盟国家,其他国家企业使用 ICT 的数据很少

续 表

ICT核心指标	数量	具 体 指 标	数据来源
ICT（制造）行业的核心指标	2	ICT1 涉及ICT行业的商业部门总劳动力的比例 ICT2 ICT部门在总增加值中的份额	通常利用为国民核算和其他目的收集就业、收入和支出数据的部门调查结果进行编制。尽管一些国家进行专门的ICT调查，但大多数国家都使用现有的行业统计数据
ICT商品国际贸易的核心指标	2	ICT3 ICT商品进口占进口总额的百分比 ICT4 ICT商品出口占出口总额的百分比	两者均基于各国出于海关目的收集的行政贸易数据
ED.教育中的ICT核心指标	9	ED1 带有用于教育目的的收音机的学校比例 ED2 配备用于教育目的的电视的学校比例 ED3 拥有电话通信设施的学校比例 ED4 在具有计算机辅助教学的学校中，学生与计算机的比例 ED5 按访问类型划分的可访问互联网的学校比例 ED6 在学校可访问互联网的学习者的比例 ED7 信息通信技术相关领域大专学历的学习者比例 ED8 在学校中具有ICT资格的教师的比例 EDR1 通电学校的比例	大部分是通过国家层面的年度学校普查的行政数据收集的。普查可以由教育部门的统计部门或国家统计局进行，也可以通过以下方式收集指标之一（ED6）：对学校或家庭进行抽样调查

资料来源：笔者根据国际电信联盟公开数据整理。

电子商务的迅猛发展及带来的影响更彰显了扩大采集电子商务活动数据的必要性。2018年，ITU开始通过各国进行家庭调查收集电子商务需求方面的数据，但不涉及跨境电子商务的信息。以下4项电子商务需求侧指标包含在2018年以后的国际电联数据采集中：所购买产品和服务的类型、支付方式、送货方式以及未完成在线订购的障碍。国际电信联盟采集和发布的数据中与电子商务直接相关的指标共包括6个：B7 通过互联网接收订单的企业比例；B8 通过互联网发出订单的企业比例；HH20 在线购买物品和服务的个人比例,按所购买物品和服务类型分类；HH21 在线购买物品和服务的个人比例,按支付渠道种类分类；HH22 在线购买物品和服务的个人比例,按送货类型分类；以及 HH23 不在线购买物品和服务的个人比例,按理由类型分类。但国际电信联盟家庭指标专家组决定排除关于卖方地点的指标,因为个人很难准确回答。还有电子商务的价值也很难通过家庭调查收集,因为受访者往往无法准确回忆起这些信息。

4. 联合国贸易和发展会议(UNCTAD)

UNCTAD 一方面通过与其他国际组织开展联合措施推动跨境电子商务的统计与测度工作,另一方面通过开发各种工具(例如,UNCTAD 发布的 B2C 电子商务指数、信通技术政策审评和快速电子贸易评估)来帮助各国尤其是不发达国家评估数字贸易或电子商务的准备程度,有助于制定发展数字贸易和电子商务的有效战略和确定优先事项。UNCTAD 表明,缺乏相关统计数据是测度电子商务的使用和影响以及数字经济其他方面情况的严重阻碍,在发展中国家尤其是最不发达国家这种情况较为明显,这使决策者很难制定和执行旨在利用数字经济的基于证据的政策,改善数据齐备性应是政府的优先事项。

尽管缺乏数据,UNCTAD 基于一些国家的消费者调查或根据用户购买国外商品的比例和他们的购买总价值,进而对跨境 B2C 进行估计。按商品出口价值计算,2019 年,B2C 电子商务销售额估计为 4.9 万亿美元,比 2018 年增长 11%。B2C 电子商务销售额排名前三的国家仍然是中国、美国和英国。2019 年,跨境 B2C 电子商务销售额约为 4 400 亿美元,比 2018 年增长 9%,其中,进行跨境购买的网上购物者比例从 2017 年的 20% 上升到 2019 年的 25%。全球前十大市场分别是中国内地、美国、英国、中国香港、日本、德国、法国、韩国、意大利、荷兰,跨境 B2C 交易额合计为3 320亿美元，占全球跨境B2C交易总额的比重为75.5%。中国内地跨境B2C交易额是全球第一，占本土货物出口额的比重达4.2%，占B2C交易额的6.8%（表3-12）。

表3-12 2019年全球前十大货物出口国跨境B2C交易额

排名	经济体	跨境B2C交易额（10亿美元）	占货物出口额的比重(%)	占B2C交易额的比重(%)
1	中国内地	105	4.2	6.8
2	美国	90	5.5	7.1
3	英国	38	8.2	15.2
4	中国香港	35	6.2	94.3
5	日本	23	3.3	13.2
6	德国	16	1.1	14.7
7	法国	12	2.2	10.6
8	韩国	5	0.9	4.4
9	意大利	5	0.9	13.9
10	荷兰	1	0.2	4.3
	前10合计	332	3.4	9
	全球总数	440	2.3	9

注：企业对B2C销售的调查不包括本土消费者的境外购买，反映的是境外购买的相对规模。
资料来源：UNCTAD根据官方和市场研究资料整理；贸易数据来自WTO；跨境网上购物者的数据是根据欧盟统计局（法国、德国、意大利、荷兰和英国）、贝宝（PayPal）（中国、日本和美国）加拿大统计局、韩国互联网和安全局提供的信息估算出来的。

近年来，UNCTAD持续发布全球B2C电子商务发展指数年度报告，以发展指数来反映全球100多个国家的电子商务准备度情况。UNCTAD

发布的 B2C 电子商务指数通过查看 4 个和网上购物高度相关且覆盖面广的指标评估电子商务的准备程度：使用互联网的个人用户比重、金融机构或移动货币服务提供商账户中 15 岁以上用户比重、每百万人安全互联网服务器数量、万国邮政可靠性分数，这些指标总体反映了电子商务的发展环境情况（表 3-13）。

表 3-13　UNCTAD 全球 B2C 电子商务发展指数

指　　标	数　据　来　源
1. 银行账户或移动支付账户的持有率（占 15 岁以上人口的比重）	世界银行 Findex 调研（全球金融包容性指数调研，每 3 年进行一次）
2. 互联网使用率	国际电信联盟（ITU）
3. 邮政的可靠性指数	万国邮政联盟（UPU）
4. 网络服务器的可用性	天网科技集团（Netcraft）

资料来源：UNCTAD B2C E-commerce Index 2018。

根据上述报告及指数，2020 年全球 B2C 电子商务发展指数为 55，与 2019 年相比没有较大变化。发展指数较高的仍然是发达经济体，四项指标均全球领先。但转型经济体东亚、东南亚、非洲地区，均比上年有不小的进步。这些地区多为新兴地区，近年来其经济发展和新技术均有长足的进步，同时，联合国近年来推出了多项针对新兴地区电子商务发展的促进措施，这些因素共同促进了这些区域及其经济体电子商务的发展。然而，全球电子商务的发展环境也有隐忧。发达经济体指数下降了 1，主要在于万国邮政即物流体系的安全性方面有所下降。而非洲地区虽然有进步，但其各项指标仍然落后于其他地区很多，在实际网络交易、物流等方面存在较大差距（表 3-14）。

表 3-14　2020 年全球 B2C 电子商务发展指数

	互联网用户个人比重(%)	账户中15岁以上用户比重(%)	每百万人安全互联网服务器	万国邮政可靠性分数	2020年发展指数	2019年发展指数
非洲	30	40	28	21	30	31
东亚与东南亚	57	60	54	58	57	58
拉丁美洲和加勒比海地区	64	53	50	29	49	48
西亚	77	58	45	50	58	59
转型经济体	71	53	60	59	62	63
发达经济体	88	93	84	80	86	87
全球	60	60	53	47	55	55

注：表中 2020 年指数数据来源为 2019 年或最新数据。
资料来源：United Nations, UNCTAD B2C E-commerce Index 2020。

在互联网接入方面，非洲不到 1/3 的人口使用互联网，而西亚为 3/4，相对优势和劣势也普遍不同。东亚、南亚和东南亚在 4 项指标上的数值往往相当，唯一低于世界平均水平的指标是互联网使用率。在拉丁美洲和加勒比海地区，主要的改进方面在于邮政可靠性。为促进更具包容性的电子商务，非洲国家将受益于所有政策领域的支持。与 2019 年指数相比，全球指数值没有变化，唯一有所改善的区域值是拉丁美洲和加勒比海地区。

同时，UNCTAD 还帮助对最不发达国家的电子商务准备程度快速评估。其目标是，提高各国在普惠电子贸易所确定的七个政策领域中对目前优势、弱点、差距和机遇的评估能力。由此产生的报告可作为这些国家参与各种电子商务和数字经济相关讨论时的有价值意见，并可帮助它们确定,在发展伙伴的帮助下,应采取哪些具体措施,以加强其准备程度。若干捐助方已承诺资助这种评估,包括德国、瑞典等。在2018年年底前已进行大约15—20个评估。

此外,UNCTAD发布一项新的电子贸易政策(eTrade for All)倡议,旨在帮助发展中国家抓住全球电子商务市场发展机遇。该倡议将在电子商务评估、信息通信技术基础设施、支付、贸易物流、法律法规框架、技术研发、融资七个方面为发展中国家提供政策支持,共涵盖19个电子商务成熟度指标,具体如下(表3-15)。这些电子商务准备程度的衡量指标提供了特定时间内有效评估电子商务成熟度的快照,可以用来评估在克服电子商务的某些障碍方面取得的进展。虽然这些指标没有直接衡量跨境电子商务,但在分析更大范围的跨境电子商务趋势时可以用来衡量电子商务在各国的普及程度。

表3-15 联合国贸易和发展会议(UNCTAD)电子商务成熟度指标

指　　标	政策领域	数据来源
联合国贸易和发展会议B2C电子商务指数排名	电子商务评估	世界银行
在国际电信联盟资讯及通讯科技发展指数中的排名	电子商务评估	ITU
世界经济论坛网络准备指数排名	电子商务评估	UPU
每百名居民的互联网用户	ICT基础设施及服务	ITU
每百名居民固定宽带用户	ICT基础设施及服务	ITU
每100名居民中就有1名活跃的移动宽带用户	ICT基础设施及服务	ITU
固定宽带上网收费	ICT基础设施及服务	ITU
过去一年使用的借记卡	支付	世界银行
过去一年使用的信用卡	支付	世界银行

续　表

指　　　标	政策领域	数据来源
过去一年中,人们通过手机或互联网进入金融机构账户	支付	世界银行
有邮件递送到家里的人数百分比	贸易物流	UPU
邮政可靠性指数	贸易物流	UPU
直接出口报关清关天数	贸易物流	世界银行
提供有关电子交易的法例	法律及监管架构	UNCTAD
是否有关于消费者保护的立法	法律及监管架构	UNCTAD
关于隐私和数据保护的立法的可用性	法律及监管架构	UNCTAD
网络犯罪立法的有效性	法律及监管架构	UNCTAD
使用电子邮件与客户/供应商交流的公司比例	技能发展	世界银行
认为融资渠道是主要制约因素的公司比例	电子商务融资	世界银行

资料来源:根据 UNCTAD 官方公开数据整理。

5. 万国邮政联盟(UPU)

由于大部分网上购物都需要送货上门,邮政运输和电子商务之间有着重要的联系。万国邮政联盟(UPU)的邮政网络在当前的电子商务时代,仍然是世界上最大的实物交付网络和跨境电子商务商品的主要交付渠道。自 1875 年以来,万国邮政联盟(UPU)开始汇编官方统计数据,通过年度官方统计调查,了解 192 个成员国家的国家邮政运营商处理的国内的、国际的邮政物品的数量(信件、包、包裹和特快专递)以及邮政付款和其他电子邮政事务。网上订购的商品可通过国际邮包服务、国际邮政服务(包括最高重 2 公斤的小包)及特快专递服务运送及派递。从 2016 年起,修订后的万国邮政联盟年度调查开始涵盖除国家邮政机构外 DHL、FedEx、TNT、UPS 等私营快递公司的数据,从而覆盖整个包裹和快递市场。来自私营部门的数据也证实了邮政系统官方统计报告的电子商务方面的快速增长。根据万国邮政联盟的数据，2018年，全球跨境包裹中，邮政包揽了约70%的业务量，其中来自中国市场的包裹占比已达38%。这些跨境包裹中大多数是服装、消费电子产品、保健和美容产品，其中72%的包裹重量不足1 000克，这与邮政快递重量轻、价值大的优势高度吻合。

除了传统的万国邮政联盟邮政统计数据外，万国邮政联盟还通过实时整合国际邮政跟踪信息系统，正式收集事务性和操作性数据。邮政和包裹递送统计数据是用于分析涉及实物的跨境电子商务的一个高度相关的指标。与其他官方统计数据来源相比，这种相关性使得邮政跟踪数据非常独特。事实上，官方跟踪数据不仅使高频监测全球数量和吨位运输（每天可以看到）成为可能，而且在实时条件下可以衡量国家之间的双边流，如国际贸易或网络数据流。2015年，万国邮政联盟的官方跟踪系统数据覆盖了201个国家和地区，而这些国家和地区又代表了超过23 000个国家之间的邮政联系和国家内部数百万条邮政路线，其中包括社会经济活动外围的许多地区。鉴于许多发展中国家和发达国家在获取和使用国际电子商务服务方面的不平等，在区域和地方各级建立国际电子商务代理指标的能力对这一领域的决策者至关重要。国际邮政跟踪数据可以在国家内部分解到邮政编码（zipcode）级别，从而确保为数亿个交付点收集与电子商务相关的发货数据。地理分布的中间水平还包括世界上任何机场之间的交通，这使得枢纽与国际电子商务生态系统之间的区别成为可能。

如上所述，虽然邮政数据对于监控电子商务的许多方面来说似乎是无价的，但是仔细的分析需要考虑到数据的许多方面。首先也是最重要的一点，尽管有证据表明国际邮政流动日益受到电子商务交易的推动，但并不是所有的国际包裹运输都是电子商务的结果。许多其他数据夹杂使数据可用性变得复杂。例如，邮政部门的数据有时包括包裹信件或邮政信件,也可能包括小邮包;快递公司经常使用他们的专有名称来统计邮递流量,而这些统计数据有时会对运输的性质含糊其辞;而且数据常常被一些因素随意分开,比如包裹是否投保、包裹是否特快等。因此,很难回答有多少包裹是通过电子商务发往国外的。

除了国际邮政跟踪系统外,私营快递企业很少能获得对于分析跨境电子商务至关重要的双边数据,而这些数据通常与数量(包裹数量或吨位)而非价值相关。此外,这些数据还带来了一些其他挑战,使人们难以将邮政系统的统计数据与邮政市场私营部门的统计数据进行比较。因此,在目前的情况下,由于电子商务而被运送到国外的包裹数量只能大致接近。然而,考虑到万国邮政联盟在重新设计其官方邮政和投递年度统计数据以及将其与实时跟踪数据相结合方面所做的努力,上述问题很可能在未来几年内得到缓解。尽管有这些限制,包裹运送量仍算得上是推算出跨境电子商务增长的有效数据来源。

6. 世界海关组织(WCO)

WCO成立了由各国海关、跨境电子商务平台、物流和支付企业、主要国际组织、行业协会以及学界代表组成的跨境电子商务工作组,这个组织拥有的海关和其他相关政府机构成员的覆盖面代表了全球99%的贸易份额。世界海关组织2018年发布了《世界海关组织跨境电子商务标准框架》,为世界海关组织各成员统一监管跨境电子商务奠定了法律基础,提供了业务指引,成为近年来世界海关组织制定的重要国际标准。该标准框架将跨境电子商务的测量和分析作为海关政策制定和风险管理的关键。通过海关数据来衡量跨境电子商务只涉及货物的装运。需要测量的其他变量仍然需要确定,且海关组织需要就低于最低价值的货物(所谓的低价值物品)的处理达成协议,因为这一阈值因国家而异,需要加快海关通关(如不同的数据要求)。这些数据在提供跨境电子商务的部分情况的同时,还可以提供关于贸易流动以及有关关税的规则和条例影响的重要信息。海关应与相关政府机构紧密合作，根据国际统计标准和国家政策，准确获取、计量、分析和发布跨境电子商务统计数据，为跨境电子商务决策提供信息。一些世界海关组织成员国建议，这可能需要调整海关表格，以识别来自电子商务平台的货物，以及实现数据收集的自动化。

(二) 相关发达国家

1. 加拿大

(1) 电子商务。由于加拿大互联网普及较早以及对电子商务战略的重视，早在20世纪90年代中期，加拿大就开始对ICT使用开展专项调查，其中电子商务统计调查主要作为ICT专项调查的补充调查，也开始得很早。加拿大统计局实施过的电子商务调查主要有4个，具体比较情况见附录（表3-16）。其中"家庭互联网使用统计调查"和"电子商务及其相关技术年度统计调查"较为成熟，自2000年左右开始定期开展，在统计方法等理论和实践层面积累了很多经验。

表3-16 加拿大电子商务统计调查项目对比

调查项目	目的	主要调查内容	调查类型	调查性质	电子商务定义
金融部门互联网及电子商务应用统计调查	掌握金融部门互联网及电子商务的应用情况	企业计算机化程度 企业在信息通信方面的支出 互联网在企业的普及率 电子商务对企业的作用 企业使用ICT及电子商务的障碍 电子商务的业务占总业务的比重	1996年5月，不定期专项统计调查	单独调查	企业在互联网上出售商品和服务

第三章 | 国内外跨境电子商务统计理论与测度实践研究

续　表

调查项目	目　的	主要调查内容	调查类型	调查性质	电子商务定义
家庭互联网使用年度统计调查	掌握互联网及电子商务在加拿大家庭的应用情况	互联网方面：家庭上网的目的；是否有规律地上网；家庭上网地点；上网的频率和密度；家庭在电脑、互联网等方面的硬件及软件的投资 电子商务方面：在线支付手段；网上购物情况；网上购买商品和服务的种类；网上购买商品和服务的金额	1997年开始，年度调查	补充调查	在1998年以前为"企业在互联网上出售商品和服务"，1999年开始采用OECD电子商务的狭义定义
信息通信技术与电子商务统计调查	掌握加拿大国营部门和私营部门使用信息通信技术与电子商务的情况；量化加拿大各个行业的电子商务使用情况。此外，该调查为实验性统计调查，为下一个调查——《电子商务及其相关技术年度统计调查》作准备	互联网方面：企业使用互联网的情况；企业使用或准备使用个人电脑的情况；企业职工的个人电脑配备情况；企业拥有网站情况；企业维修保养和开发网站的费用；国营部门和私营部门技术使用情况的差异 电子商务方面：企业对电子商务的看法；企业不使用互联网进行电子商务活动的原因；企业通过互联网、局域网、EDI销售产品的情况；	1999年10月，仅一次，后更名为下一个调查	补充调查	采用OECD电子商务的狭义定义

107

续 表

调查项目	目的	主要调查内容	调查类型	调查性质	电子商务定义
		企业通过互联网、局域网、EDI订购产品和服务的情况；企业进行电子商务交易时产生的网络管理费；企业电子商务的销售额；企业使用互联网购买商品或服务的金额；支付方式；电子商务交易额占GDP的比例			
电子商务及其相关技术年度统计调查	全面掌握加拿大全行业互联网及电子商务的应用情况，了解加拿大电子商务总体的发展水平	除《信息通信技术与电子商务统计调查》外，在电子商务方面还增加了如下内容：企业在互联网收到的个人和企业（包括政府采购）订货比例；企业在互联网收到国内和国外顾客的订货比例；企业销售总额（线上订货和线下订货）；企业在线上订货（通过032、私人网络或互联网，并使用信用卡直接在网上付款）的销售额；国内和国外的供货商通过互联网从企业订货的比例及商品数量；企业通过互联网销售商品和服务的销售额占营业额比例与使用电子商务企业的比例；	2000年11月开始，定期年度统计调查	补充调查	采用OECD电子商务的狭义定义

续　表

调查项目	目　　的	主要调查内容	调查类型	调查性质	电子商务定义
		企业通过互联网向国外销售商品和服务的数量与金额；企业通过互联网销售商品和服务的销售额占企业营业额比例			

资料来源：根据加拿大统计局官网整理。

（2）跨境电子商务。目前，加拿大统计局（Statistics Canada）主要从三个调查项目中获取跨境电子商务数据。其中，两组问卷调查数据中收集电子商务企业供给侧数据，包含跨境电子商务的不同方面，但没有提供跨境电子商务的总数，两个数据集都来自基于ICT的企业调查；另外一组收集个人需求侧数据。这三个调查项目中有两个是上述电子商务统计调查的延续：加拿大"互联网使用调查"的前身是"家庭互联网使用统计调查"，"数字经济和互联网应用调查"的前身是"电子商务及其相关技术年度统计调查"，即在上述两项电子商务统计调查中添加跨境问题，以反映跨境电子商务的数据，"年度零售贸易和年度非实体零售调查"也是在现有调查项目中添加电子商务模块，并在其中添加跨境电子商务相关的问题（表3-17）。

年度零售贸易和年度非实体零售调查（Annual Retail Trade Survey and the Annual Non-store Retail Survey）是报告零售电子商务销售额的企业调查项目，仅限于零售部门。根据上述调查项目公布的数据，2022年，加拿大零售行业电子商务销售额为520亿加元。该调查中问卷设计部分虽然有设计跨境电子商务的问题，但加拿大统计局网站上并没有公布相关数据（表3-17）。

表 3‑17 加拿大跨境电子商务相关统计调查项目

调查项目	问卷类型	统计说明	最新调查问卷中关于跨境电子商务的问题(2020年或2021年)	调查性质
年度零售业统计调查、年度非实体零售调查	特定行业企业调查	零售电子商务销售的定义是通过互联网购买或承诺购买商品或服务。这些数据包括通过实体店和网站销售的零售商,以及没有实体店的零售商的销售额。来自非加拿大零售商和网站的网上购物不包括在内。加拿大零售商对国际客户的电子商务销售也包括在内	1. 不同地区客户占网络销售额的百分比 加拿大的客户-个人和家庭; 加拿大的客户-企业; 加拿大的客户-政府、非营利组织和公共机构; 加拿大以外的客户 2. 不同地区最终消费者的网络销售额百分比 纽芬兰与拉布拉多、爱德华王子岛、新斯科舍省、新不伦瑞克省、魁北克、安大略省、曼尼托巴省、萨斯喀彻温省、艾伯塔省、不列颠哥伦比亚省、育空地区、西北地区、努纳武特美国; 其他国家	补充调查
数字经济和互联网应用调查	企业调查	这一数字包括任何国家对消费者和企业的在线销售,与零售贸易调查的数据不同,因为它是在企业层面进行的	24. 企业2020年的在线销售额,客户位于以下哪个区域? ① 加拿大;② 美国;③ 墨西哥;④ 拉丁美洲和加勒比海地区;⑤ 中国;⑥ 亚洲其他地区;⑦ 欧盟;⑧ 英国;⑨ 其他地区;⑩ 不知道 25. 企业2019年的在线总销售额中,有多少百分比来自这些地区? a. 加拿大;b. 美国;c. 墨西哥;d. 拉丁美洲和加勒比海地区;e. 中国;f. 亚洲其他地区;g. 欧盟;h. 英国;i. 其他地区	补充调查
加拿大互联网使用调查	个人调查	加拿大各省15岁及以上居民互联网接入和上网行为调查,关于电子商务主要调查个人购买产品类型和电子商务价值的报告	EC_56 在过去12个月里,你的网上订单是从哪里发出的? 加拿大的商人; 加拿大哪里的? 在你的居住地/在其他省份/在加拿大,但省份不详 美国的商人; 其他国家的商人; 来源国不详的商人	补充调查

资料来源:笔者根据加拿大统计局网站材料整理。

数字经济和互联网应用调查(The Survey of Digital Technology and Internet Use)是一项企业调查,提供所有加拿大企业海外互联网销售比例的数据。这指的是 B2B 和 B2C 的销售,并细分为美国和世界其他地区的销售。该调查项目在 2000—2007 年为年度调查,随后在 2012 年和 2013 年开展,之后一次是 2019 年,但调查数据未公布,2021 年该问卷进行了小幅修订,以更好地满足赞助合作伙伴加拿大创新、科学和经济发展部的政策需求,并更好地与其他国家统计局进行的调查保持一致。最近公布的数据为 2021 年,拥有 5 名或 5 名以上员工的加拿大企业的电子商务销售额为 3 980 亿美元,比疫情暴发前一年的 2019 年(3 050 亿美元)高出约 30%。这也标志着电子商务销售额在过去 10 年中增长了近 4 倍(2012 年的销售额达到 1 060 亿美元)。2021 年最新调查问卷中涉及跨境电子商务的问题有两个,主要询问企业在线销售客户来源于哪些国家(地区),以及这些地区对于企业网络销售额的贡献比例(表 3-18)。

表 3-18 加拿大家庭电子商务支出(按地理分布)

地　　区	2001 年	2002 年	2003 年
总计/美元	1 802	2 427	3 034
加拿大/美元	1 119	1 543	2 093
其他国家/美元	683	884	941

资料来源:加拿大统计局。

加拿大统计局互联网使用调查(Canadian Internet Use Survey, CIUS)[①]

---

① CIUS 的前身是"家庭互联网使用统计调查"(HIUS),该调查于 1997 年首次开展,每年一次,直至 2003 年,HIUS 关注的是家庭互联网普及率。2005 年,CIUS 取代了 HIUS。2005 年的重新设计更侧重于个人的互联网使用,同时符合有关互联网接入和使用统计指标的国际标准。2005 年至 2009 年,CIUS 每两年举办(转下页)

对国内外网站的消费者在线支出进行了估计。加拿大互联网使用调查收集了消费者在国内外商品和服务上的在线支出,但没有公布跨境比例的估计,也没有提供C2C的估计数字。2020年,近82%的互联网用户在网上购买商品或服务,高于2018年的77%的互联网用户。支出844亿加元,高于2018年的574亿加元,2021年调查问卷中包含有一个关于跨境电子商务的问题(表3-19)。

表3-19 加拿大家庭电子商务订单和支付情况(按地理分布)

地 区	2001年	2002年	2003年
总计/订单数	13 351	16 644	21 118
下订单和支付给加拿大国内/订单数	7 469	10 170	12 876
下订单和支付给其他国家/订单数	5 882	6 474	8 242

资料来源:加拿大统计局。

加拿大在很早以前就已在补充调查中添加跨境电子商务的问题,但可能是被调查的企业拒绝回答关于企业在互联网上收到的订单比例这些相关信息,使得所回收的问卷关于这些问题的质量不高,加拿大统计局网站上只能找到2001—2003年加拿大基于"家庭互联网使用调查"(HIUS)

(接上页)一次。2010年,CIUS被重新设计,以满足加拿大宽带的测量需求。作为一项关于上网和使用的混合调查,CIUS测量了家庭上网的类型、速度和成本,以及选定的家庭成员的个人上网行为。2018年,CIUS通过与客户、主题专家、其他联邦部门和外部利益相关者的协商,修订了问卷内容。虽然与2012年的CIUS有一些可比性,但2018年的调查经过了重新设计,以反映自上一次调查以来互联网技术的快速发展。这些指标衡量了一系列在线行为,包括与社交媒体、电子商务、电子政务、点对点服务和内容流媒体相关的行为。

获得的有关跨境电子商务一些已公开的数据,如加拿大居民电子商务支出分国内和国外,2013年国外电子商务支出占比为31.0%①(表3-18),以及加拿大家庭电子商务订单和支付情况,2003年下订单和支付至国外的订单数为8 242个,占比39%②(表3-19)。

2. 西班牙

西班牙国家统计局(National Statistics Institute)也基于ICT调查公布了跨境电子商务相关的数据,雇员在10人以上的企业网络销售总额可以按目的地(西班牙、欧盟、世界其他地区)进行细分,也可以按照不同买方(消费者、企业、政府)进行细分。2021年,西班牙电子商务销售额中11.46%卖往欧盟,83.97%卖往西班牙国内,4.57%卖往全球其他地区;2.01%由政府购买,52.84%由消费者购买,45.15%由企业购买。

3. 韩国

在韩国,电子商务数据的收集是由韩国信息通信技术促进协会(KAIT)进行的,包括B2B、B2G和B2C的信息,由韩国统计局发布。韩国信息通信技术促进协会开展每月网上购物调查,收集约1 000家在网上开展在线销售的企业关于网络购物商城名称、公司名称、网站网址、移动应用、产品分类、运营方式分类、产品服务交易金额、移动交易金额等交易信息,国际公司和金融业被排除在外。韩国统计局发布每月网上购物调查报告,2016年起开始对外公布跨境网上销售及购物数据(季度)。这与消费者网上购物调查数据相辅相成。2019年,韩国企业海外直接在线销售额(跨境销售额)为59 609亿韩元,同比增长65.4%;海外网购总额(跨境购买额)为36 355亿韩元,同比增长22.3%。跨境销售方面,与2018年相比,美国的海外直接在线销售额上升了14.6%;跨境购买方面与

---

① https://www150.statcan.gc.ca/t1/tbl1/en/cv.action?pid=2210005201#timeframe.
② https://www150.statcan.gc.ca/t1/tbl1/en/tv.action?pid=2210005101.

2018年相比,大洋洲的海外直销网购额下降了25.1%。同时,中国、东盟和日本的海外直购网购额分别增长78.9%、22.0%和15.1%(表3-20)。

表3-20 2016—2019年韩国跨境电子商务情况

	2016年(亿韩元)		2017年(亿韩元)		2018年(亿韩元)		2019年(亿韩元)		与2018年相比,2019年的同比增速(%)	
	跨境销售额	跨境购买额	跨境销售额	跨境购买额	跨境销售额	跨境购买额	跨境销售额	跨境购买额	跨境销售额	跨境购买额
总额	22 934	19 079	29 509	22 436	36 039	29 717	59 609	36 355	65.4	22.3
美国	1 547	12 225	1 813	12 869	1 648	15 623	1 888	17 682	14.6	13.2
中国	17 913	1 742	23 162	2 581	28 856	5 082	51 619	6 624	78.9	30.3
日本	1 213	1 042	1 382	1 679	1 903	1 972	2 190	2 186	15.1	10.9
东南亚	755	100	1 079	126	1 654	108	2 017	149	21.9	38.0
欧盟	302	3 663	316	4 770	356	6 211	383	8 602	7.6	38.5
中东	81	6	80	8	80	10	93	14	16.3	40.0
中南美洲	94	5	102	2	117	2	130	2	11.1	0.0
大洋洲	192	189	190	278	175	532	131	861	−25.1	61.8
其他地区	836	108	1 385	123	1 250	177	1 157	235	−7.4	32.8

资料来源:韩国统计局。

4. 日本

日本经济产业省(METI)是目前已知少有的发布特定目的地双边B2C跨境电子商务数据的官方机构。日本经济产业省报告显示,2018

年,日本、中国和美国之间的跨境 B2C 销售总额为 49 309 亿日元。日本消费者从美国购买的(价值)几乎是从中国购物网站购买的 10 倍,而美国消费者从日本购买的价值稍高于从中国购买的价值,中国消费者跨境购买的规模最大,其从日本和美国购买的比例大致相等(表 3-21)。

表 3-21 2018 年日本、中国和美国的 B2C 跨境电子商务交易

消费者所在地	日本 金额(亿日元)	日本 增长率(%)	美国 金额(亿日元)	美国 增长率(%)	中国 金额(亿日元)	中国 增长率(%)	合计 金额(亿日元)	合计 增长率(%)
日本	—	—	2 504	7.6	261	7.4	2 765	7.6
美国	8 238	15.6	—	—	5 683	15	13 921	15.3
中国	15 345	18.2	17 278	18.5	—	—	32 623	18.4
合计	23 583		19 782		5 944		49 309	

资料来源:日本经济产业省。

二、全球私营部门跨境电子商务统计理论与测度实践

除了相关国际组织和部分国家统计局发布有跨境电子商务的官方统计数据外,全球部分私营部门也有跨境电子商务相关的数据。这些数据包括咨询公司、电子商务平台、支付提供商和其他私营企业提供的数据,但其提供的视角通常与统计机构报告的电子商务采购或销售数据不同。

(一)电子商务相关商业机构

1. PostNord

PostNord 对北欧国家消费者的一项研究量化了 2021 年的购物者

数量和国内外在线零售支出。该公司调查了丹麦、芬兰、挪威和瑞典的5 000多名消费者。数据显示,2021年,北欧国家电子商务行业价值约合547.8亿欧元。其中最大的份额来自瑞典,它也是网上购物比例最高的国家。2021年平均有86%的北欧消费者网购,而在2018年,这一比例为61%。2021年,服装和鞋类是丹麦、芬兰和挪威购买最多的电子商务产品。这几个国家中50%以上的受访者都购买过服装和鞋类。在瑞典,药房产品是最受欢迎的在线购买产品,占近70%的份额(表3-22)。

表3-22 北欧国家电子商务发展情况

国　家	人均每年网购花费(欧元)		网上购物的人口比例(%)	
	2018年	2020年	2018年	2020年
瑞　典	507	1 012	68	96
丹　麦	640	850	62	88
挪　威	632	635	66	94
芬　兰	—	788	48	95

资料来源:PostNord。

2. PayPal

在线支付公司PayPal在2022年对39个国家/地区的超过3万名在线购物者进行了调查。调查显示,美国和中国是跨境在线购物的主要目的地,全球购物订单中分别有42%和24%来自中国的电子商务网站和美国平台。新加坡(78%)、奥地利(83%)和以色列(84%)的网购者更倾向于跨境网购。日本(21%)、德国(37%)和美国(33%)的消费者则正好相反,较少跨境网购,这些国家的大部分消费者倾向于在国内网购。在最大的北美市场,网上购物者在更大程度上青睐当地商家,超过60%的人主要从美国的电子零售商那里购买。中东(70%)和非洲(62%)的消费者的跨境网购行为更为普遍。欧洲消费者紧随其后,有56%的消费者会定期跨境网购。另外,中国是最受欢迎的国外在线购物市场,30%的受访者表示他们是从中国电子商务网站购物的。德国以14%排名第二,其次是英国和美国,均为10%。该研究估计了海外网购的总人数以及他们的花费。

3. Ecommerce Foundation

根据电子商务基金会(Ecommerce Foundation)发布的《2022全球电子商务报告》(*Ecommerce Report: Global 2022*),预计2022年全球B2C电子商务交易额达到4.4万亿美元,预计网上购物的消费者比例从多米尼加共和国的23%到阿拉伯联合酋长国的90%不等,全球互联网普及率将达到64.6%。美国在所有与电子商务相关的指数中继续名列前茅,德国在物流绩效指数上排名第一,韩国的营商环境指数排名第五,欧洲的互联网普及率最高,达91.6%。

4. eMarketer

根据eMarketer和Statista完成的研究,预计2022年全球零售市场超过27万亿美元,同比增长4.8%;2021年,全球电子商务规模接近5万亿美元,同比增长率达到16.8%。2022年全球电子商务增长率为7.1%,预计2023年全球电子商务增长率为8.9%,在线零售额将达到6.51万亿美元,使全球电子商务销售额达到5.9万亿美元,电子商务网站将占零售总额的22.3%。

5. Pitney Bowes

包裹发货量的统计是分析跨境电子商务趋势的相关变量。根据Pitney Bowes机构报告,来自万国邮政联盟(UPU)国家邮政机构的数据和4家快递公司等的经营数据表明,2021年,全球包裹量超过1 590亿件,同比增长21%。以包裹额计算,美国是最大的市场,达到了1880亿美元,但就包裹量而言,第一的位置,中国当仁不让。其中,中国运送了1080亿件包裹,同比2020年的830亿件,增长30%,中国成为连续7年历史上首个单年包裹量超过1000亿件的市场;美国运送了216亿件包裹(同比增长6%);日本(每年92亿件)、德国(45亿件)和英国(54亿件)以及印度(27亿件)。英国的快递量同比增长了9%,人均包裹数80件,排名前五位的快递公司(皇家邮件、爱马仕、亚马逊物流、DHL和UPS)约占包裹交付量的75%。德国的B2B行业规模为欧洲前列,约占整体市场的65%,德国排名前六位的快递公司(DHL、Hermes、UPS、DPD、GLS和FedEx)占包裹量的98%。法国的包裹量同比增长5.6%,法国邮政占包裹运送量的近一半(45%)。包裹递送公司对跨境电子商务尤其感兴趣,因为国际运输的利润率更高(表3-23)。

表3-23 2021年全球及部分国家快递包裹数量及收入情况

全球		中国		美国		日本	
快递量(亿件)	快递收入(亿美元)	快递量(亿件)	快递收入(亿美元)	快递量(亿件)	快递收入(亿美元)	快递量(亿件)	快递收入(亿美元)
1 590	4 915	1 080	1 602	216	1 880	92	320

注:表中数据涵盖了13个国家间企业对企业(B2B)、企业对消费者(B2C)、消费者对企业(C2B)和消费者托运的包裹,重量最高可达31.5公斤(70磅)。

资料来源:Pitney Bowes。

(二)电子商务平台企业

电子商务企业可用的数据也根据交易类型(B2B、B2C、C2C)、报告的收入类型、使用的会计方法和公司的全球化战略而有所不同。一般说来,公司财报报告的国际交易数据指的是海外子公司的销售,而不是出口。例如,经营平台的电子商务公司与零售商之间存在显著差异,前者的收入与"展示费"相关,后者的收入还包括所销售产品的价值。

自2014年以来全球网络零售额在不断地增长。2021年,全球零售电子商务销售额约为5.2万亿美元。2022年全球电子商务增长了9.6%,消费者花了5.7万亿美元在网上购物。全球十大电子商务零售商依次是亚马逊、京东、苹果、沃尔玛、阿里巴巴、苏宁商业集团、家得宝、塔吉特、国美电器和梅西百货。前十名中6家来自美国,4家来自中国。从在线净销售额排名全球前五的电子商务公司来看,2021年,全球五大在线商店的净销售额超过3500亿美元。全球网上销售额排名前五的电子商务零售商中,有三家来自美国,两家来自中国。美国的苹果公司同比增长超过50%,来自中国的电子商务零售商京东和阿里巴巴的增长率明显更高(表3-24)。

亚马逊的在线销售额是美国最接近的竞争对手苹果公司的2.5倍以上,是中国电商巨头京东的近1.15倍。亚马逊的网络销售数字和相关排名包含了其作为第一方的直接销售,以及作为大宗商户从平台上的众多第三方卖家获得的佣金,但不包括通过该平台完成订单的第三方卖家的实际销售,以及该公司的云计算平台亚马逊网络服务(Amazon web Services)产生的收入。由于京东也是一个混合市场和直销商,其数据也是用同样的方法计算的。

表3-24中排名前五的公司包括以电子商务为核心业务的公司(如亚马逊、京东),这些公司的大部分或全部收入都来自电子商务。其他的是传统零售商,电子商务在其总收入中所占的比例相对较小(如沃尔玛)。这些公司在跨境电子商务收入的获取方式上还有一个显著的不同,即全球化战略各不相同。其大多数都是建立特定国家的网站。按在线净销售额排名第一的亚马逊拥有14个品牌国际网站,无实体店铺。沃尔玛在29个国家和地区开店,京东仅在中国拥有一个网站,苹果公司在19个国家开店以及经营网站。一些公司估计超过一半的零售电子商务来自国际

子公司(如苹果)。相比之下,对于中国最大的电子商务公司来说,涉及国际业务的部分很少。

表 3-24 2021 年全球 5 大电子商务零售公司

排名	零售商	所在国家	商户类型	商品类别	2021 财年在线净销售额(亿美元)
1	亚马逊	美国	仅网上销售	多品类商品	1 334.6
2	京东	中国	仅网上销售	多品类商品	1 185.1
3	苹果	美国	消费品牌生产商	消费电子产品	519.5
4	沃尔玛	美国	零售连锁模式	多品类商品	464.5
5	阿里巴巴	中国	仅网上销售	多品类商品	276.2

资料来源:根据各公司财报整理。

(三)其他相关私营部门数据

本部分主要探讨与分析与跨境电子商务趋势相关的其他指标,包括来自私人服务供应商的国际空运服务贸易、互联网流量、跨境支付和国际收支等统计数据。

1. 国际空运服务贸易

除快递包裹运送量外,来自国际收支统计的空运服务贸易数据是关于快递货物价值的另一个潜在数据来源。但遇到的问题是不可能把占了很大一部分的纯快递包裹与跨境电子商务包裹区分开。空运出口(包括 B2B 和 B2C 商品销售)的增长速度比其他运输方式快得多。从 2000—2018 年,它们以每年 6.1% 的速度增长,相比之下,邮政服务出口年均增长 9.6%,空运进口年均增长 6.1%,邮政进口年均增长 -0.8%。2020 年因为新冠疫情影响,空运进出口量极速下降,经过两年时间 2022 年航空

第三章 | 国内外跨境电子商务统计理论与测度实践研究

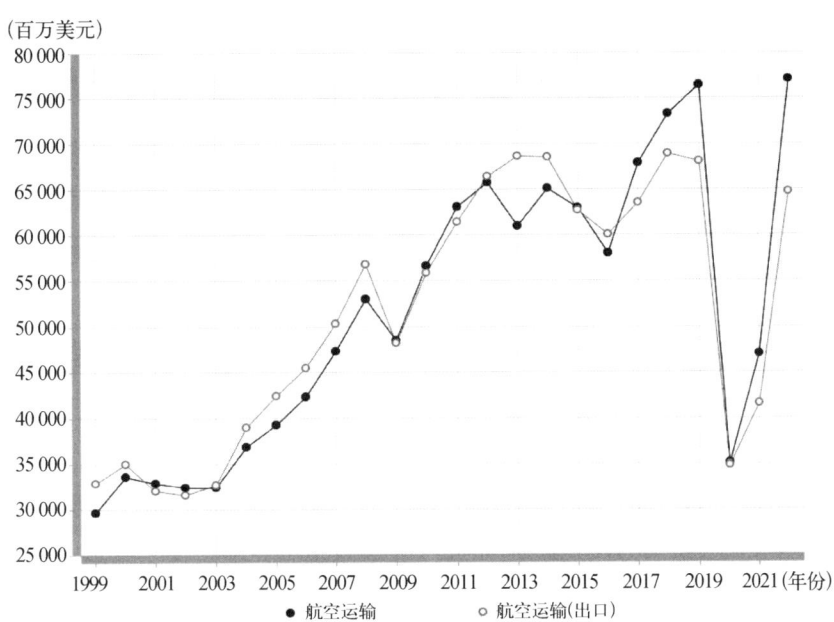

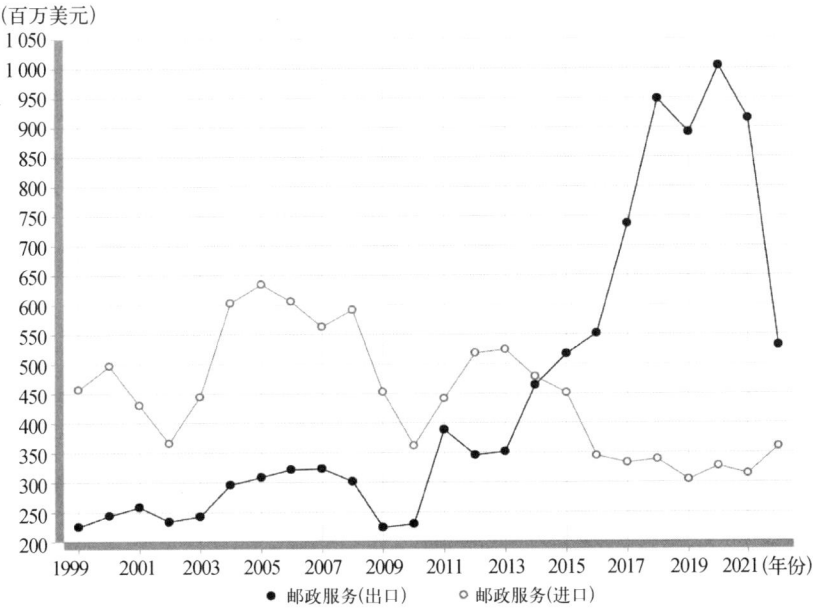

图 3-3　1999—2022 年美国邮政服务和空运贸易

资料来源：美国经济分析局。

运输进出口量已恢复至2019年水平(图3-3)。美国的邮政服务由每年出现赤字到2014年开始每年实现顺差,航空货运一直保持贸易盈余。一种解释可能是,跨境电子商务兴起和快速增长,美国从一个全球领先电子商务购物目的地逐渐变为电子商务购买地。虽然美国具有众多全球领先的电子商务网站,向其他国家的在线购物者销售商品,但随着越来越多的美国消费者从中国等国家的电子商务网站购买商品,从邮政服务和空运的贸易盈余可以反映出美国消费者通过跨境电子商务模式从国外购买的商品价值超过从美国境内出口的商品价值。

2. 互联网流量

网上购物是通过互联网进行的,因此产生的数据流量可能为跨境电子商务趋势提供一些指示,特别是在服务和数字产品方面。然而,跨境电子商务交易本身只占用很少的带宽。根据2019年Cisco公司最新发布的"视觉化网络指数"(Visual Networking Index),2018年,网络视频占全球个人互联网流量的75.5%,至2022年,IP影片流量将成长4倍,所占用的整体IP流量从2018年的75.5%大幅上升至82%;Web、电子邮件和数据流量占个人互联网流量的比重为14.7%;文件共享数据流量占比为6.9%;在线游戏流量占比为2.9%,预估在2018—2022年间将上升9倍,占整体IP流量的比重上升至4%。尽管网购交易在互联网总流量中所占比例相对较小,但双边流量的趋势可能为跨境电子商务贸易提供一些洞见。虽然有关双边互联网流量的统计数字可能不能很好地反映电子商务交易本身(网上进行的实际订单),但它们可以很好地反映现有的双边货物和服务信息交换情况,这些信息交换通常发生在实际电子商务交易之前和之后。

市场研究公司TeleGeography估计,2018年全球国际出口带宽将增长36%,总容量为393 Tb/s。从目前全球海缆布局情况来看,美国、英国、日本、新加坡、中国香港等凭借优越的地理通达性、信息资源丰富等优势,已经成为许多国际海缆的起点或者关键节点。其中,美国是谷歌、脸书(Facebook)、亚马逊等全球顶级互联网企业所在地,内容资源丰富,汇聚全球互联网流量,造就美国在全球海缆中心的地位,网络通达全球;新加坡和中国香港的地位区位优势明显,政策开放,服务业发达,吸引众多互联网巨头的数据中心落户,促进各方向海缆接入,海缆的聚集带动国际业务转接功能日益发达。与未来国际流量发展预期和世界主要国家相比,中国的国际海缆发展仍显不足,美国的海缆数量是中国的5倍,人均带宽是中国近13倍;日本的海缆数量是中国2倍多,人均带宽是中国近10倍;英国海缆数量是中国的5倍多,人均带宽是中国72倍;新加坡海缆数量是中国2倍多,人均带宽是中国262倍。虽然聚合的国际带宽可能反映与服务和数字产品相关的全球电子商务趋势,但它的使用更适合于双边流。使用双边互联网带宽的一个挑战是,很少有国家公布相关数据。

3. 跨境支付

对于B2B电子商务交易来说,电子资金转账是最重要的支付方式。然而,这类支付需要更好的数据来源。信用卡的使用可能显示B2C电子商务在某些市场的增长。信用卡行业使用"无卡在线交易"一词来指代当信用卡不存在时所进行的交易。这种情况下,购买是通过互联网进行的,但也适用于其他情况(通过电话或传真提供信息)。据美国联邦储备银行(Federal Reserve Bank)报告,2016年美国信用卡无卡在线交易的价值为45.7亿美元,比前一年增长了34%。尽管这个数字是电子商务零售额的6倍多,但是增长率是相似的(近年来美国电子商务零售额以年均16%的速度增长,与无卡在线交易年均16%的增速相近)。美国是世界上领先的电子商务国家,人均消费最高,77%的商家在网上销售。但伴随电子商务快速增长,无卡在线交易的金融欺诈(盗刷等)也激增。无卡在线交易的时间序列数据难以获得,因此不可能用于从更长的时间段评价跨境电子商务的发展水平。

与企业公布的网上零售销售数据相比,支付数据可能是跨境贸易数据的一个更可靠的数据来源。澳大利亚国家银行(NAB)在线零售销售指数衡量消费者使用各种电子支付方式(如信用卡、BPAY 和 Paypal)的所有在线零售支出。在 2018 年 10 月到 2019 年 10 月的时间段里,澳大利亚人在网上零售上花费了 298.4 亿澳元,约占零售贸易总额的 9.1%,是澳大利亚统计局(ABS)同期在线零售贸易(包括服务)总额(213.4 亿澳元)的 1.4 倍(图 3-4)。这两者之间的差额 85 亿澳元可能可以用跨境购物来解释。澳大利亚国家银行的数据应该包括了澳大利亚统计局统计的在线购物金额,而澳大利亚统计局的数据则是指澳大利亚公司的网上零售额。根据另一个数据来源——PayPal 公布的 2018 年数据显示,澳大利亚有 630 万线上跨境购物者,花费超过 65 亿澳元,这与前述的 85 亿澳元比较相近。

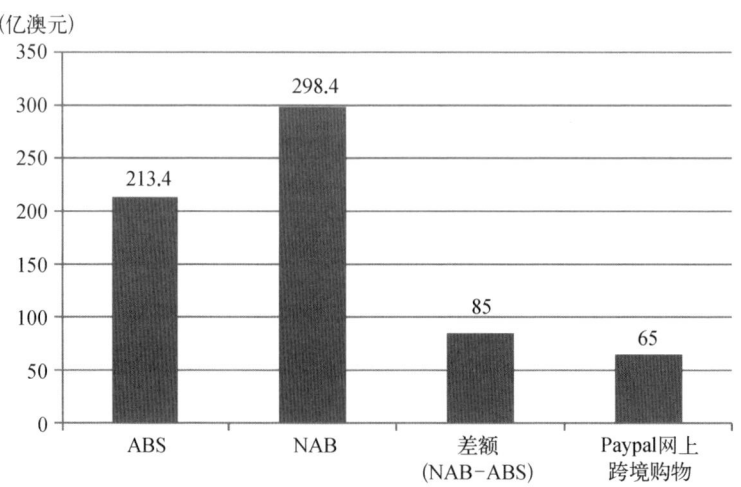

图 3-4　2018 年 10 月—2019 年 10 月澳大利亚的网上购物情况

资料来源:澳大利亚国家银行、澳大利亚统计局。

支付数据可能是衡量一个国家整体跨境电子商务趋势的有用预测，正如澳大利亚的例子所表明的，支付数据可以解释跨境电子商务流动。虽然许多国家都编制了支付数据，但目前数据的间隔不够，或对数据含义的定义不明确，从而限制了它们作为电子商务趋势指标的使用。

4. 国际收支

在技术上，跨境电子商务在国际收支统计中应被视为货物或服务的进口或出口。然而，在实践中往往不是这样。通过互联网购买的数字产品是无形的，通常不向海关申报。低于一定数量的交易量可能不计入贸易统计数据。如新西兰国家统计局将超过 1 000 新西兰元的商品被记为海外商品交易，而低于 1 000 新西兰元的则不被记为海外商品交易。申报价值在 400—999 新西兰元之间的商品进口额约为 1.5 亿新西兰元。这些年来，这个数字没有太大的变化，这可能表明，新西兰人在网上购买的大多数海外商品的价值不到 400 新西兰元，因此不计入统计范围。新西兰统计局正在研究各种方法估计这些商品的价值，统计通过互联网从海外购买的数字产品的销售额。

数字贸易是一个新术语，但基于国际收支统计数据的大多数研究都涉及 ICT 相关或相关服务贸易，而不是数字产品的跨境出口。ICT 服务（如非资讯科技服务）则包括在国际收支平衡表内，类别包括通讯、电脑服务及资讯服务。应当指出，根据信息化发展测评伙伴联盟（Partnership on Measuring ICT for Development）的建议，信息服务应排除在"信息和通信技术服务"之外。虽然快递服务等一些类别可能与电子商务相关，但很少有详细的数据。一些国家，如美国，作为世界上最大的两家快递公司的所在地，仍将快递数据纳入更广泛的航空货运范畴。简而言之，国际收支分类可能很难用同一个体系来概括，而多个类别的分类可能取决于法律用途而非实际用途，而且如前所述，对跨境电子商务分析有用的数据属于更广泛的类别，很难被打破。

5. 数字贸易

数字贸易可以被定义为纯粹的数字化产品贸易,这些产品可以通过互联网下载或流媒体传输,主要包括音频、视频、打印、游戏和计算机软件产品。数字化已经影响了这些类型产品的交易方式,且在不同的行业产生了不同的影响。2022年,全球超过94%的电子游戏收入来自数字销售,而相应的音乐收入几乎占到1/3。另一方面,图书、报纸和电影的数字销售只占很小的比例。很难获得关于这些产品的贸易数据,特别是因为它们经常合并在一般贸易类别下。追踪数字产品的交易正变得更加困难,因为它们已被电子下载,或以流媒体形式传输,数据位从卖家到消费者,绕过海关和其他统计计数机制。这使得从此类产品的供应商处获取数据变得越来越重要。

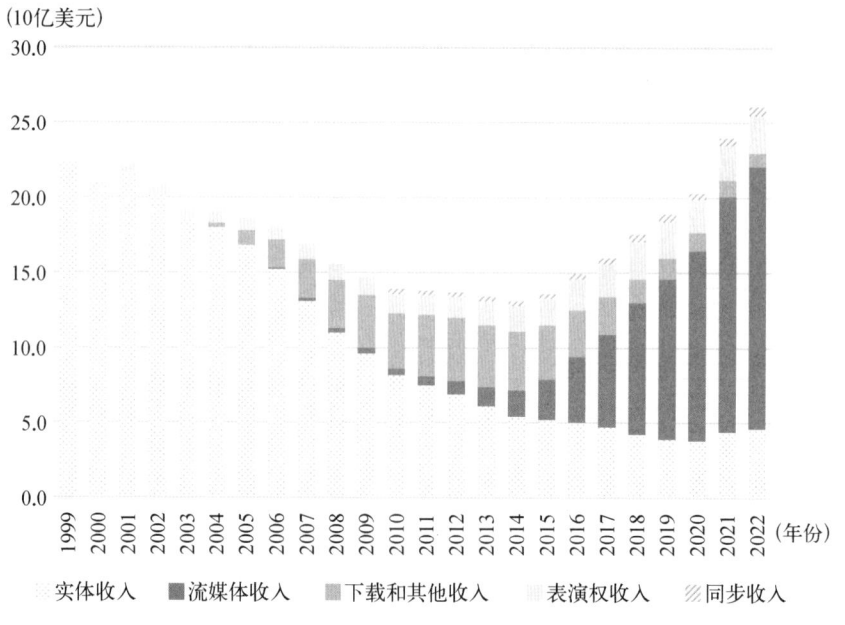

图 3-5 1999—2022年全球数字音乐产业营收情况

资料来源:国际唱片业联合会(IFPI)。

根据国际唱片业联合会（IFPI）的数据，2022年全球音乐产业持续增长，全球录制音乐市场规模增至262亿美元，增长9.0%。每个地区和全球十大市场的收入都有所增长，中国首次进入前5名，巴西再次进入前10名。增长来自广泛的收入来源：流媒体、实体、表演权和同步收入再次出现增长，只有下载和其他（非流媒体和实体）收入增长了9.0%。全球录制音乐市场增长11.5%，数字业务出现下滑。订阅流媒体是增长的主要驱动力（增长10.3%，达到127亿美元）。整体流媒体（包括订阅和广告支持）在市场中所占比例最高，从上一年的65.5%增至2022年的67.0%，数字销售的增长在一定程度上反映了消费者的需求。来自欧盟的数据显示，尽管在线购买数字产品的消费者比例没有太大变化，但在线交付产品的消费者比例却增加了，且没有任何信息表明这些购买是国内的还是跨境的。

三、小结

1999年，OECD首次确定了电子商务的统计定义。基于此，OECD和伙伴关系组织等通过两项关于ICT（信息和通信技术）使用情况的专门调查，收集个人和企业的电子商务购买和销售数据。然而，通过ICT使用调查虽然能较好反映国内电子商务的发展水平，但用来衡量跨境电子商务在方法上存在挑战，如很难收集跨境电子商务流动的信息以及跨境电子商务交易价值的信息。个人很难回忆起网上消费的价值，也不总是知道他们是从国内还是国外的供应商那里购买的。

除了调查数据外，还有公司报告、支付数据、包裹运输或互联网流量等数据来源被用来估计电子商务交易，包括跨境流动。然而，每一项数据都只提供了跨境电子商务的片面信息。聚集公司报告的方法通常局限于公司的小群体（如大公司、只提供在线服务的零售商），且许多企业的会计系统并不区分线上和线下交易，也不确定客户和供应商的位置。支付数据通常限于特定的支付方式,可能包含与电子商务无关的某些交易(如通过 NFC 进行支付)。此外,跨境支付的地理位置并不总是反映跨境电子商务的地理位置,因为支付处理可以外包给第三方国家。包裹运输只涉及实物产品,大多数情况下不提供关于货物价值的详细信息。更重要的是,并非所有的包裹运输都是电子商务交易的结果。零售商网站的互联网流量有时被用作跨境交易的代理,其地理来源并不包括由此产生的发货价值。由于企业对消费者的交易越来越多地包括通过互联网下载或流媒体传输的数字产品,因此调查对象很难确定原产国。

第二节 国内跨境电子商务统计理论与测度实践

一、国内电子商务统计理论与测度实践

近年来,在各地商务主管部门的共同努力下,中国电子商务统计工作取得积极进展,工作机制初步建立,指标体系不断完善,数据提交和成果应用稳步推进,为电子商务管理服务提供了有力的支持。截至目前,中国主要有 6 个机构进行电子商务的统计调查,其中包括官方、半官方或非官方机构等,都对电子商务进行了初步调查和统计(表 3 - 24)。这些机构开展的统计与测度工作侧重点和指标设计各有特点,但除了中国互联网络信息中心[1]、国家统计局、商务部的统计调查工作定期举行,并且在一定程度上自成体系外,其他调查均为不定期调查,甚至是一次性调查,缺

---

[1] 中国互联网络信息中心(China Internet Network Information Center, CNNIC)是经国家主管部门批准,于 1997 年 6 月 3 日组建,现为中央网络安全和信息化委员会办公室(国家互联网信息办公室)直属事业单位,行使国家互联网络信息中心职责。

乏统一的考虑,不足以建立系统的统计调查体系。

其中,国家统计局关于电子商务的调查体系近年来逐渐完善。2015年,国家统计局发布了电子商务平台统计调查制度,该制度通过全国联网直报系统对全国范围内的 4 400 多家电子商务交易平台进行统计,统计得出电子商务交易额、B2B 模式、B2C 模式等电子商务指标数据,这些数据已在《中国统计年鉴》"18—46 分地区企业信息化及电子商务情况"中公布。商务部对电子商务服务企业的统计调查也比较全面、方法较为科学,但相关调查结果尚未公布。CNNIC 对中国互联网发展进行了统计调查,具有很强的代表性,该调查结果每六个月定期开展并发布一次,对社会产生重大影响。CII 中国电子商务整体指标体系研究和指标度量调查涵盖全国所有地区,涵盖了电子商务的各个方面,它具有很强的综合性,为中国各级政府和企业了解中国电子商务的发展状况,制定宏观和微观电子商务发展计划提供了定量参考(表 3-25)。

表 3-25　国内典型电子商务统计调查内容表

统计开展机构	统计调查名称	统计调查的目的	主 要 指 标	调查频率	调查方法
半官方机构中国互联网络信息中心(CNNIC)	中国互联网络发展状况统计调查	从个人用户的角度出发,着重调查中国电子商务的发展环境	可上网的计算机数量、互联网用户数量、宽带总量、互联网用户的个人特点、互联网用户是否经常访问购物网站、互联网用户是否通过购物网站购买商品或服务、网上购物的原因、已经在网上购买商品或服务、互联网用户认为哪些产品或服务还不能满足需求、互联网用户通常使用什么付款方式、互联网用户通常选择哪种交付方法、互联网用户认为在线交易的最大问题是什么	1997 年开始定期调查	调查对象是网民,相关数据主要通过网民抽样调查和在线问卷调查以及在线计算机搜索获得

续 表

统计开展机构	统计调查名称	统计调查的目的	主要指标	调查频率	调查方法
国家统计局国际统计信息中心(ISIC)、中国互联网研究与发展中心(CII)	CII电子商务指数指标体系研究与指数测算	从区域和国家的角度进行统计调查和综合评估,从总体上把握电子商务的发展水平	电子商务交易类、电子商务效益类、电子商务基础设施类、电子商务人力资本类、网络景气类指数、电子商务用户满意度类、政策环境类、电子商务安全类、电子商务发展潜力类	一次性(1999—2000年)	构建了CII电子商务总指标体系,受访者是《互联网周刊》的读者。相关数据通过抽样调查和问卷调查获得
(国家经贸委委托)中国社会科学院、北京大学等学术机构	企业互联网应用和电子商务发展水平统计调查	重点研究中国一些大中型企业电子商务的应用环境和发展规模	企业上网数、企业拥有网站数、开展电子商务的企业数、从事在线购买和销售业务的企业数、企业在线采购和销售的商品种类及数量和金额、企业在线订单占企业同期采购总额和销售总额比重、在线订单售后服务及送货方式、网购支付手段、企业负责互联网及电子商务工作人员的教育状况	一次性(2001年)	通过问卷调查的形式,对经贸委主管部门、中央管理企业、520家国家重点企业和地方重点企业进行了调查,抽取了1 300家企业作为样本
民间机构赛迪顾问公司(CCID)	企业电子商务发展状况调查	从企业视角测度中国电子商务应用的运营、销售规模和设备情况等	B2B网站数、B2C网站数、B2B网站分布、B2C网站分布、B2B网站出售商品和服务的类型、B2C网站出售商品和服务的类型、投资B2B网站的金额、投资B2C网站的金额、B2B销售额、B2C销售额、付款方式、售后服务方式	一次性(2004年)	未公布
国家统计局	互联网经济统计报表制度	近年来国家统计局陆续开展的若干项关于服务业新兴领域或新业态统计工作的整合	涉及企业信息化应用、电子商务交易平台、四众平台及部分重点互联网平台的运营情况调查,与电子商务相关的具体调查表式包括《信息化和电子商务应用情况》《电子商务交易平台情况》《合约类电子交易平台情况》等	2015年开始,2017年10月正式制定并实施	企业信息化和电子商务应用情况是一年调查一次,调查对象为所有联网直报企业;电子商务交易平台和合约类电子交易平台一季度调查一次

续 表

统计开展机构	统计调查名称	统计调查的目的	主要指标	调查频率	调查方法
国家统计局	新产业、新业态、新商业模式专项统计报表制度	建立健全新经济统计分类标准和指标体系，完善以"三新"为核心的新经济统计调查制度	内容涵盖质量提升和效率转型升级、战略性新兴产业、新产品、新服务、高新技术产业和新技术、科技企业孵化器、四众（众创、众包、众扶、众筹）、电子商务、互联网金融、城市商业综合体、开发区11个重点领域	2016年制定并实施	相关数据来自三个渠道：第一，基于当前国家例行和专项调查的基础数据的处理和汇总；第二，利用部门调查和行政记录数据；第三，根据"三新"业绩报表制度的综合汇总要求，开展新的有组织的专项调查并汇总处理
	企业信息化主要指标调查问卷	中国第一次在国家级的统计报表中加入有关电子商务的统计指标	2017年调研问卷电子商务板块包含两个问题：通过哪种平台（方式）开展商务活动、电子商务网上销售率。问卷中关于电子商务的问题经常调整，2018年调查问卷还删除了电子商务模块相关问题	年度调查	未公布
国家商务部	典型电子商务服务企业统计调查	了解中国典型电子商务服务企业发展情况和存在的问题	主要包括以下指标：电子商务交易额、电子商务交易结构（B2B、B2C、C2C；商品类和服务类；面向境外交易额；面向外省份交易额）；商品类电子商务交易额分商品类别结构；服务类电子商务交易额分商品类别结构；电子商务交易额分地区结构	2011年至今	分年度调查和月度调查

目前，中国商务部发布的电子商务统计指标体系是在2013年发布，由中国商务部提出，经国家标准化管理委员会批准，正式列入2012年国

131

家标准制修订项目计划,系统编号为98050,项目名称为《电子商务统计指标体系第1部分:总体》,主要起草单位为中国国际电子商务有限公司、中国标准化研究院。该指标体系把统计调查对象确定为电子商务服务企业和电子商务应用企业,电子商务服务企业又按照所提供服务的类型分为电子商务平台服务企业和电子商务支撑服务企业,通过对不同类别电子商务企业的规模、效益、贡献度及发展环境完善程度等方面的统计,全面反映电子商务整体发展状况及对国民经济的影响。本标准的具体内容主要包括:范围、规范性引用文件、术语和定义、基本原则、指标体系框架、指标描述及其内容。具体的电子商务统计指标总体框架如下表3-26。

表3-26 电子商务统计指标总体框架

统计对象	企业分类	企业分类	指标分类	一级指标	二级指标	三 级 指 标
I 电子商务服务企业	I-I 电子商务平台服务企业		规模	1 企业数量		
				2 电子商务交易额	2-1 企业间电子商务交易额	2-1-1 面向海外的交易额 2-1-1-1 进口交易额 2-1-1-2 出口交易额 2-1-2 面向境内的交易额
					2-2 网络零售交易额	2-2-1 B2C交易额(2-2-1-1 面向海外的交易额) 2-2-2 C2C交易额(2-2-2-1 面向海外的交易额) 2-2-3 基于移动互联网交易额 2-2-4 在线支付比例
					2-3 商品交易额	2-3-1 粮油、食品、饮料、烟酒、保健类交易额 2-3-2 鲜活农产品类交易额 2-3-3 服饰鞋帽类交易额 2-3-4 化妆品类交易额 2-3-5 金银珠宝类交易额 2-3-6 家

续 表

统计对象	企业分类	企业分类	指标分类	一级指标	二级指标	三 级 指 标
Ⅰ 电子商务服务企业	Ⅰ-Ⅰ 电子商务平台服务企业		规模	2 电子商务交易额	2-3 商品交易额	居、日用品类交易额 2-3-7 家具、装修、五金类交易额 2-3-8 文体用品类交易额 2-3-9 书报、音像、数码制品类交易额 2-3-10 家用电器类交易额 2-3-11 药品类交易额 2-3-12 办公用品类交易额 2-3-13 电脑、通信、数码产品类交易额 2-3-14 煤炭及制品类交易额 2-3-15 木材及制品类交易额 2-3-16 石油及制品类交易额 2-3-17 化工材料及制品类交易额 2-3-18 金属材料类交易额 2-3-19 建筑材料类交易额 2-3-20 机电产品及设备类交易额 2-3-21 汽车、摩托车类交易额 2-3-22 农业生产资料类交易额 2-3-23 粮棉油类交易额 2-3-24 其他类交易额
					2-4 服务交易额	2-4-1 餐饮服务类交易额 2-4-2 住宿、旅游服务类交易额 2-4-3 交通仓储服务类交易额 2-4-4 通信服务类交易额 2-4-5 文化娱乐服务类交易额 2-4-6 家庭服务类交易额 2-4-7 非金融机构支付服务类交易额 2-4-8 咨询服务类交易额 2-4-9 广告会展服务类交易额 2-4-10 其他服务类交易额
				3 订单总数	3-1	通过自建物流配送比例
				4 网上用户数	4-1	企业用户数 4-2 个人用户数
			效益	5 营业收入	5-1	主营业务收入

续表

统计对象	企业分类	企业分类	指标分类	一级指标	二级指标	三级指标
Ⅰ 电子商务服务企业	Ⅰ-Ⅰ 电子商务平台服务企业		效益	6 营业利润		
				7 资产总计		
			贡献度	8 从业人数	8-1 信息技术人员	8-2 物流配送人员
				9 纳税额		
			国民经济影响	10 网络零售交易额相当于城乡居民消费支出总额比重		
				11 面向海外的电子商务交易额相当于进出口总额比重		
	Ⅰ-Ⅱ 电子商务支撑服务企业	Ⅰ-Ⅱ-Ⅰ 物流服务企业	支撑环境完善程度	12 企业数量	12-1 从事电子商务物流配送企业数量	
				13 订单总数	13-1 电子商务业务订单量	
				14 营业收入	14-1 电子商务业务收入总额	
				15 从业人数	—	
		Ⅰ-Ⅱ-Ⅱ 信用服务企业	支撑环境完善程度	16 企业数量	16-1 从事电子商务信用服务的企业数量	
				17 评价企业数量	17-1 电子商务企业（商户）信用评价数量	
				18 营业收入	18-1 从事电子商务信用服务的收入总额	
				19 从业人数		
		Ⅰ-Ⅱ-Ⅲ 支付服务企业	支撑环境完善程度	20 企业数量	20-1 从事电子商务支付企业数量	
				21 支付笔数	21-1 电子商务支付笔数	
				22 营业收入	22-1 电子商务业务收入总额	
				23 从业人数		

续 表

统计对象	企业分类	企业分类	指标分类	一级指标	二级指标	三 级 指 标
Ⅱ 电子商务应用企业			规模	24 电子商务交易额	24-1 电子商务销售额	24-1-1 通过第三方电子商务平台产生的销售额 24-1-2 销售给消费者个人（B2C）金额 24-1-3 销售的服务类商品金额 24-1-4 面向海外区域的销售金额
					24-2 电子商务采购额	24-2-1 通过第三方电子商务平台产生的采购额 24-2-2 采购的服务类商品金额 24-2-3 面向海外区域的采购金额

二、国内跨境电子商务统计理论与测度实践

自 2012 年我国大力支持跨境电子商务发展以来，中国的跨境电子商务呈现爆炸性增长。在全球普惠贸易的大趋势下，跨境电子商务的发展具有高频次、小额化、碎片化，商业模式层出不穷的特点，因此很难开展标准化的跨境电子商务统计与测度。总体而言，目前中国海关、各跨境电子商务试点区等开展的尝试性统计工作和公开发布的统计数据不能准确反映中国跨境电子商务行业发展的真实情况。

（一）官方跨境电子商务统计与测度

中国海关总署、商务部、国家统计局等政府部门以及跨境电子商务试点城市和综合试验区都进行了跨境电子商务官方统计与测度工作。尽管国家统计局在电子商务的统计体系构建和测度工作方面取得了长足的进步，但暂时还没有发布过跨境电子商务相关的统计数据，也没有发布关于跨境电子商务交易规模的统计方法。商务部曾在《中国电子商务报告》中

公布跨境电子商务数据,但是自 2017 年以来,不再单独发布跨境电子商务规模的估计,而是采纳海关发布的数据。因此,目前中国基本上形成了以海关验放数据为准的跨境电子商务数据格局。海关总署从 2015 年起开始定期发布跨境电子商务数据,跨境电子商务试点城市和综合试验区则不定期发布自己的统计数据。

1. 海关总署

(1) 统计方法和数据来源。随着跨境电子商务交易规模的迅速扩大,其对促进进出口贸易转型升级的作用越发突出,从而促使相关的制度政策不断完善,与之相配套的跨境电子商务海关统计工作也逐步受到重视。海关统计的主要方法是通过企业和海关主导的跨境电子商务通关服务平台联网,对跨境电子商务零售进出口企业的申报信息开展"三单比对",进而汇总整理后得到相应的统计数据。

根据《关于执行〈中华人民共和国海关统计工作管理规定〉有关问题的公告》附件 1,跨境电子商务海关统计的原始材料包括《中华人民共和国海关跨境电子商务零售进(出)口商品申报清单》。根据《海关总署关于跨境电子商务零售进出口商品有关监管事宜的公告》:"电子商务企业、个人通过电子商务交易平台实现零售进出口商品交易,并根据海关要求传输相关交易电子数据的,按照本公告接受海关监管,电子商务企业或其代理人应提交《中华人民共和国海关跨境电子商务零售进出口商品申报清单》(简称《申报清单》),出口采取'清单核放、汇总申报'方式办理报关手续,进口采取'清单核放'方式办理报关手续。《申报清单》与《中华人民共和国海关进(出)口货物报关单》具有同等法律效力。"相关数据填制要求详见表 3-27 和表 3-28。

(2) 监管流程。目前,中国跨境电子商务交易领域主要包含三大类服务平台,具体关系和比较分析如下(图 3-6、表 3-29)。海关搭建跨境电子商务通关服务平台、政府部门搭建跨境电子商务公共服务平台,以及与企业搭建的跨境电子商务综合服务平台对接,实现涵盖企业备案、申报、审单、征税、查验、放行、转关等各个环节的全程通关无纸化作业。报关企业通过平台向海关申报电子清单,同时电商企业、物流企业、支付企业通过平台向海关传输交易、物流、支付电子信息,清单信息和"三单"信息实现对碰。缴纳税款采用网上支付、电子支付的形式。海关审核、查验、放行后将验放指令电子回执反馈报关企业。其中,2014年7月1日,全国首个统一版海关总署跨境贸易电子商务通关服务平台在广东东莞正式上线运营,由海关总署主导,东方物通承建实施。海关总署建设全国统一版的通关服务平台所上传的数据可直接对接海关总署内部系统,节省报关时间,提升通关效率。

表3-27 中华人民共和国跨境电子商务零售出口商品申报清单数据

序号	中文名称	必填项	说明
1	申报海关代码	是	办理通关手续的4位海关代码 JGS/T 18《海关关区代码》
2	申报日期	是	申报时间以海关审批反馈时间为准,格式:YYYYMMDDhhmmss
3	预录入编号	否	电子口岸生成标识清单的编号(B+8位年-月-日+9位流水号)
4	订单编号	是	电商平台的原始订单编号
5	电商平台代码	是	电商平台的海关注册登记编码
6	电商平台名称	是	电商平台的海关注册登记名称
7	物流运单编号	是	物流企业的运单包裹面单号
8	物流企业代码	是	物流企业的海关注册登记编码
9	物流企业名称	是	物流企业的海关备注册登记名称

续 表

序号	中文名称	必填项	说明
10	清单编号	否	海关审结生成标识清单的编号(4位关区+4位年+1位进出口标记+9位流水号)
11	进出口标记	是	I. 进口;E. 出口
12	出口口岸代码	是	商品实际出我国关境口岸海关的关区代码 JGS/T 18《海关关区代码》
13	出口日期	是	时间格式:YYYYMMDD
14	生产销售单位代码	是	出口发货人填写海关企业代码
15	生产销售单位名称	是	实际发货人的企业名称
16	收发货人代码	是	一般指电商企业的海关注册登记代码
17	收发货人名称	是	一般指电商企业的海关注册登记名称
18	报关企业代码	是	申报单位的海关注册登记代码
19	报关企业名称	是	申报单位的海关注册登记名称
20	区内企业代码	否	针对保税出口模式,区内仓储企业代码,用于一线出区核减账册
21	区内企业名称	否	针对保税出口模式,区内仓储企业名称
22	贸易方式	是	默认为9610,可以为1210保税模式,支持多种跨境贸易方式
23	运输方式	是	海关标准的参数代码 《JGS-20海关业务代码集》—运输方式代码
24	运输工具名称	否	进出境运输工具的名称或运输工具编号。填报内容应与运输部门向海关申报的载货清单所列相应内容一致;同报关单填制规范
25	航班航次号	否	进出境运输工具的航次编号
26	提(运)单号	否	提单或总运单的编号
27	总包号	否	物流企业对于一个提运单下含有多个大包的托盘编号(邮件为邮袋号)

续　表

序号	中文名称	必填项	说　明
28	监管场所代码	否	针对同一申报地海关下有多个跨境电子商务的监管场所,需要填写区分
29	许可证号	否	商务主管部门及其授权发证机关签发的进出口货物许可证的编号
30	运抵国(地区)	是	出口货物的直接运抵的国家(地区),《JGS-20海关业务代码集》 国家(地区)代码表填写代码
31	指运港代码	是	出口运往境外的最终目的港的标识代码。最终目的港不可预知时,应尽可能按预知的目的港填报
32	运费	是	物流企业实际收取的运输费用
33	运费币制	是	海关标准的参数代码 《JGS-20海关业务代码集》—货币代码
34	运费标志	是	1.率;2.单价;3.总价
35	保费	是	物流企业实际收取的商品保价费用
36	保费币制	是	海关标准的参数代码 海关标准的参数代码 《JGS-20海关业务代码集》-货币代码
37	保费标志	是	1.率;2.单价;3.总价
38	包装种类代码	是	海关对进出口货物实际采用的外部包装方式的标识代码,采用1位数字表示,如木箱、纸箱、桶装、散装、托盘、包、油罐车等
39	件数	是	件数(包裹数量)
40	毛重(公斤)	是	商品及其包装材料的重量之和,计量单位为千克
41	净重(公斤)	是	商品的毛重减去外包装材料后的重量,即商品本身的实际重量,计量单位为千克
42	备注	否	
43	商品项号	是	从1开始连续序号,与订单序号保持一致

续 表

序号	中文名称	必填项	说　　明
44	企业商品编号	否	企业内部对商品唯一编号
45	海关商品编码	是	海关对进出口商品规定的类别标识代码,采用海关综合分类表的标准分类,总长度为10位数字代码,前8位由国务院关税税则委员会确定,后2位由海关根据代征税、暂定税率和贸易管制的需要增设的
46	商品名称	是	同一类商品的名称。任何一种具体商品可以并只能归入表中的一个条目
47	规格型号	是	满足海关归类、审价以及监管的要求为准。包括:品名、牌名、规格、型号、成分、含量、等级等
48	条形码	是	商品条形码一般由前缀部分、制造厂商代码、商品代码和校验码组成。没有条形码填"无"
49	最终目的国(地区)代码	是	海关标准的参数代码 《JGS-20海关业务代码集》 国家(地区)代码表填写代码
50	币制	是	海关标准的参数代码 《JGS-20海关业务代码集》—货币代码
51	申报数量	是	—
52	法定数量	是	—
53	第二数量	否	—
54	申报计量单位	是	海关标准的参数代码 《JGS-20海关业务代码集》—计量单位代码
55	法定计量单位	是	海关标准的参数代码 《JGS-20海关业务代码集》—计量单位代码
56	第二计量单位	否	海关标准的参数代码 《JGS-20海关业务代码集》—计量单位代码
57	单价	是	成交单价
58	总价	是	总价=成交数量×单价

资料来源:中国海关总署。

表 3‐28　中华人民共和国跨境电子商务零售进口商品申报清单数据

序号	中文名称	必填项	说　　明
1	预录入编号	否	电子口岸的清单编号(B＋8位年-月-日＋9位流水号)
2	订单编号	是	电商平台的原始订单编号
3	电商平台代码	是	电商平台识别标识
4	电商平台名称	是	电商平台名称
5	电商企业代码	是	电商企业的海关注册登记(备案)编码(18位)
6	电商企业名称	是	电商企业的海关注册登记(备案)名称
7	物流运单编号	是	物流企业的运单包裹面单号
8	物流企业代码	是	物流企业的海关注册登记(备案)编码(18位)
9	物流企业名称	是	物流企业的海关注册登记(备案)名称
10	担保企业编号	否	需与清单有关企业一致(电商企业或平台,申报企业)
11	账册编号	否	保税模式填写具体账号,用于保税进口业务在特殊区域辅助系统记账(二线出区核减)
12	清单编号	否	海关审结的清单编号(4位关区＋4位年＋1位进出口标记＋9位流水号)
13	进出口标记	是	I. 进口；E. 出口
14	申报日期	是	申报时间以海关入库反馈时间为准,格式：YYYYMMDD
15	申报地海关代码	是	—
16	进口口岸代码	是	商品实际出我国关境口岸海关的关区代码　JGS/T 18《海关关区代码》
17	进口日期	是	时间格式：YYYYMMDD
18	订购人证件类型	是	1. 身份证；2. 其他
19	订购人证件号码	是	海关监控对象的身份证号

续 表

序号	中文名称	必填项	说　明
20	订购人姓名	是	海关监控对象的姓名,要求个人实名认证
21	订购人电话	是	海关监管对象的电话,要求实际联系电话
22	收件人地址	是	收件人的地址,实际为运单收货人地址,不一定为个人实名认证的订购人住址
23	申报企业代码	是	申报单位的海关注册登记代码(18位)
24	申报企业名称	是	申报单位的海关注册登记名称
25	区内企业代码	否	网购保税模式必填,用于区内企业核扣账册
26	区内企业名称	否	网购保税模式必填,用于区内企业核扣账册
27	监管方式	是	默认为1210/9610区分保税或一般模式
28	运输方式	是	海关标准的参数代码 《JGS-20海关业务代码集》—运输方式代码。直购指跨境段物流运输方式。网购保税按二线出区
29	运输工具编号	否	直购进口必填。进出境运输工具的名称或运输工具编号填报内容应与运输部门向海关申报的载货清单所列相应内容一致;同报关单填制规范
30	航班航次号	否	直购进口必填。进出境运输工具的航次编号
31	提运单号	否	直购进口必填。提单或运单的编号,直购必填
32	监管场所代码	否	针对同一申报地海关下有多个跨境电子商务的监管场所,需要填写区分;海关特殊监管区域或保税物流中心(B型)不需要填报
33	许可证号	否	商务主管部门及其授权发证机关签发的进出口货物许可证的编号
34	启运国(地区)	是	直购模式填写
35	运费	是	物流企业实际收取的运输费用
36	保费	是	物流企业实际收取的商品保价费用
37	币制	是	人民币(代码:142)

续 表

序号	中文名称	必填项	说明
38	包装种类代码	否	海关对进出口货物实际采用的外部包装方式的标识代码,采用1位数字表示,如木箱、纸箱、桶装、散装、托盘、包、油罐车等
39	件数	是	件数(包裹数量)
40	毛重(公斤)	是	商品及其包装材料的重量之和,计量单位为千克
41	净重(公斤)	是	商品的毛重减去外包装材料后的重量,即商品本身的实际重量,计量单位为千克
42	备注	否	—
清单表体			
43	序号	是	从1开始连续序号(一一对应关联电子订单)
44	账册备案料号	否	1210保税进口二线出区业务(必填),支持保税模式的账册核扣
45	企业商品货号	否	电商平台自定义的商品货号(SKU)
46	企业商品品名	否	电商平台的商品品名
47	商品编码	是	海关对进出口货物规定的类别标识代码,采用海关综合分类表的标准分类,总长度为10位数字代码,前8位由国务院关税税则委员会确定,后2位由海关根据代征税、暂定税率和贸易管制的需要增设的
48	商品名称	是	中文名称,同一类商品的名称。任何一种具体商品可以并只能归入表中的一个条目
49	商品规格型号	是	满足海关归类、审价以及监管的要求为准。包括:品名、牌名、规格、型号、成分、含量、等级等
50	条码	否	商品条形码一般由前缀部分、制造厂商代码、商品代码和校验码组成。没有条形码填"无"
51	原产国(地区)	是	海关标准的参数代码 《JGS-20海关业务代码集》 国家(地区)代码表填写代码
52	币制	是	人民币(代码:142)
53	数量	是	

续　表

序号	中文名称	必填项	说　　明
54	法定数量	是	—
55	第二数量	否	
56	计量单位	是	海关标准的参数代码 《JGS-20 海关业务代码集》—计量单位代码
57	法定计量单位	是	海关标准的参数代码 《JGS-20 海关业务代码集》—计量单位代码
58	第二计量单位	否	海关标准的参数代码 《JGS-20 海关业务代码集》—计量单位代码
59	单价	是	成交单价
60	总价	是	—
61	备注	否	—

资料来源：中国海关总署。

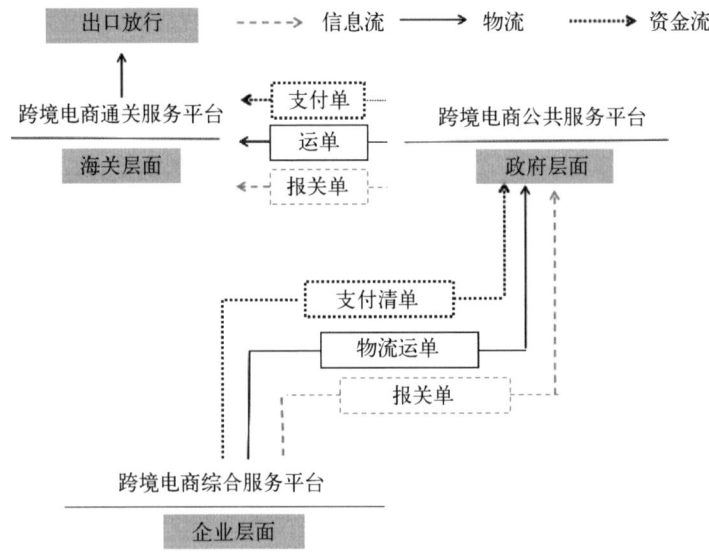

图 3-6　三类跨境电子商务服务平台关系

资料来源：笔者整理。

表 3-29 三类跨境电子商务服务平台对比

平台名称	主要内容	服务对象	监管部门	建 设 意 义
跨境电商通关服务平台	为外贸企业进出口通关提供便利服务的系统平台	传统中小型外贸企业、跨境进出口电商企业	海关总署、地方海关	应对当前外贸订单碎片化趋势明显,小包裹、小订单急剧增多,政策空缺无监管实施的对策之一
跨境电商公共服务平台	对接各政府部门监管统计系统的公共信息平台	传统中小型外贸企业、跨境进出口电商企业	商务、经信、海关、税务、外管等政府部门或机构	沟通政府职能部门、对接海关通关服务平台,是政府职能部门面向外贸企业的服务窗口
跨境电商综合服务平台	包括金融、通关、物流、退税、外汇等代理服务	传统中小型外贸企业、中小型跨境电商企业、跨境电商平台卖家	由企业建设	为中小微外贸企业和个人卖家提供一站式服务,属于新兴的代理服务行业

资料来源:根据海关总署以及互联网公开资料整理。

(3)监管方式。随着跨境电子商务的发展,海关先后增加了"9610"监管方式、"1210"监管方式、"1239"监管方式三个代码,报关商品按照监管代码不同对报关金额进行统计,这样既方便了企业通关,又规范了海关管理,方便了统计。其中,1210 监管方式和 1239 监管方式的主要区别在于前者适用于跨境电子商务试点城市和综合试验区(共 37 个城市),后者则适用于非试点城市和非综合试验区(除 37 个城市以外)的特殊监管区内开展保税进口,且前者可以通过特殊通道申报暂缓通关单,后者则仍然需要通关单(表 3-30)。

下文将三大监管方式具体按照出口和进口两个方向进行具体介绍。

① 跨境电子商务出口监管模式。一是一般出口模式(9610 出口)。根据海关解释,符合条件的电子商务公司或平台与海关联网,海外个人跨境网购后,电子商务公司将电子运单、电子订单发给海关,同时电子

商务公司或代理商向海关提交报关清单,商品以邮件、快递方式运送出境。综合试验区海关采用"简化申报、清单核放、汇总统计"方式,其他海关采用"清单核放、汇总申报"方式通关。市场统称集货出口,目前该模式是跨境电子商务出口的主流模式,2017 年占跨境电子商务出口的 97.7%。二是特殊监管区域出口模式(1210 出口)。根据海关的解释:"符合条件的电子商务或平台联网到海关,电子商务企业将整批货物按照一般贸易报关方式进入海关特殊监管区域,从而实现企业退税;对于已进入特殊监管区的退税商品,境外个人网购后,海关凭清单核放,出区离境后,海关将定期对已放行的清单合并成出口报关单,电子商务公司按此办理结汇手续。"市场统称备货出口,此模式与"一般贸易+海外仓"模式相比较,存在二次报关、配送时效差等问题,基本没有优势,出口额很少(表 3-31)。

表 3-30　中国海关总署关于跨境电子商务不同监管代码的比较

监管代码	全称	适用对象	海关公告	最新进展
9610	跨境贸易电子商务,简称"电子商务"	境内个人或电子商务企业通过电子商务交易平台实现交易,并采用"清单核放、汇总申报"模式办理通关手续的电子商务零售进出口商品	总署公告〔2014〕12 号(关于增列海关监管方式代码的公告)	通过海关特殊监管区域或保税监管场所一线的电子商务零售进出口商品除外
1210	保税跨境贸易电子商务,简称"保税电商"	境内个人或电子商务企业在经海关认可的电子商务平台实现跨境交易,并通过海关特殊监管区域或保税监管场所进出的电子商务零售进出境商品	总署公告〔2014〕57 号(关于增列海关监管方式代码的公告)	"1210"监管方式用于进口时仅限经批准开展跨境贸易电子商务进口试点城市及综合试验区(共 37 个城市)的海关特殊监管区域和保税物流中心(B 型)

第三章 | 国内外跨境电子商务统计理论与测度实践研究

续　表

监管代码	全　称	适用对象	海关公告	最新进展
1239	保税跨境贸易电子商务A,简称"保税电商A"	境内电子商务企业通过海关特殊监管区域或保税物流中心（B型）一线进境的跨境电子商务零售进口商品	总署公告2016年第75号（关于增列海关监管方式代码的公告）	上海、杭州等15个已开展跨境电子商务试点的城市以及2018年新设的22个跨境电子商务综合试验区开展跨境电子商务零售进口业务暂不适用"1239"监管方式

资料来源：海关总署公告。

表3-31　中国跨境电子商务出口海关监管模式

模式	类　型	是否向海关提供三单电子信息	海关监管模式	常见物流渠道
一	B2B	否	一般贸易出口（货物）	海运货物；空运普货（D类快件）；多式联运货物
二	B2C	是	跨境电子商务模式（9610或1210）	跨境电子商务模式专用物流，通过集中监管场所运抵查验后监管出境
二	B2C	否	传统行邮监管、快件监管（物品或货物）	邮递；B类快件（个人物品）；C类快件（不涉证不涉税的5 000元及以下货物）；空运普货（D类快件）
三	B2B2C（实质是B2C，由于采用集货方式，在出境环节表现为B2B）	否	一般贸易出口（货物）	C类快件（不涉证不涉税的5 000元及以下货物）；空运普货（D类快件）；海运货物
四	C2C	类似B2C模式		

资料来源：根据海关总署公开资料整理。

② 跨境电子商务进口监管模式。根据海关总署公告 2018 年第 194 号《关于跨境电子商务零售进出口商品有关监管事宜的公告》："对跨境电子商务直购进口商品（监管方式代码 9610）及适用网购保税进口（监管方式代码 1210）进口政策的商品，按照个人自用进境物品监管，不执行有关商品首次进口许可批件、注册或备案要求。适用网购保税进口 A（监管方式代码 1239）进口政策的商品，按《跨境电子商务零售进口商品清单（2018 版）》尾注中的监管要求执行。"在三种跨境电子商务进口监管模式中，网购保税占主导地位。网上购物保税进口模式由于"大货入区、清单验放"的运作，大大提高了物流配送的时效性和商品的可追溯性，受到了电子商务企业和消费者的欢迎。

直购进口模式（9610 进口）。根据海关解释："符合条件的电子商务公司或平台与海关联网，国内个人跨境网购后，电子商务公司将支付凭证、电子订单、电子运单等发送给海关。"电子商务公司或代理商向海关提交清单，商品以邮件或快递方式运送，通过海关邮件或快递监管站点进口，并对跨境电子商务零售进口征税。市场统称集货进口，跨境电子商务的一些"长尾"商品多数通过此模式通关。

网购保税进口模式（1210 进口）。根据海关的解释："符合条件的电子商务企业或平台与海关联网，电子商务企业将整批货物运输至海关特殊监管区域或保税物流中心（B 型）并向海关申报，海关实施账册管理。国内个人在网购平台上购买商品后，电子商务公司或平台将支付凭证、电子订单、电子运单等发给海关。"同时电子商务公司或代理向海关提交清单，海关按照跨境电子商务企业根据市场销售情况进行预测，部分畅销产品将提前在保税区进行备货，消费者下单后，三单对碰、清单核放后，将产品交付给消费者。适用"网购保税进口"（监管方式代码 1210）进口政策的城市包括获批跨境电子商务进口试点的 15 个城市，加上 22 个跨境综合试验区，包括天津、上海、重庆、大连、杭州、宁波、青岛、广州、深圳、成都、苏州、合肥、福州、郑州、平潭、北京、呼和浩特、沈阳、长春、哈尔滨、南京、南昌、武汉、长沙、南宁、海口、贵阳、昆明、西安、兰州、厦门、唐山、无锡、威海、珠海、东莞、义乌37个城市(地区)。

网购保税进口A(1239进口)。适用于除上述网购保税进口模式(1210进口)适用的37个城市之外开展的跨境电子商务零售进口业务，且不可以通过特殊通道申报暂缓通关单，仍然需要通关单，其他监管和统计要求不变。

(4)主要问题。海关对跨境电子商务的监管模式主要特点为：着力打造跨境电子商务"B2B"交易通关模式，对B2C销售模式按照"B2B"通关。零售进口模式下，由电商企业或其代理人采取清单申报方式，代办申报、纳税等海关手续，并承担法律责任。零售出口模式下，电商企业或其代理人采取清单申报方式，按照货物办理海关通关手续，并承担法律责任。而海关通过跨境电子商务通关服务平台获取申报数据，进而汇总得到相应统计数据。

通过目前的实践，海关统计的跨境电子商务进出口数据约为100%的货物清关以及95%的快件清关。货物这一项已经全部列入海关进出口统计。根据海关总署的调查数据，所有货物中只有5%是按照个人自用物品向海关申报，未包含在统计中，其余所有的快递货物都是以进出口货物向海关申报，已包含在统计数据中。通过邮局通关的跨境电子商务产品，就《海关统计条例》而言，以物品监管的直邮小包是跨境电子商务的主要物流方式之一，而这部分跨境电子商务商品以个人物品方式进出境，依据原有的海关统计制度，将无法被纳入海关统计。

此外，根据海关总署公告第194号，目前跨境电子商务进出口海关统计仅限于通过"与海关通关系统联网的跨境电子商务平台"进行交易的商品，统计基础范围有限，比如部分通过境外设立的跨境电子商务企业自建网站或境外跨境电子商务平台购买的跨境电子商务商品。虽然海关跨境电子商务通关服务平台设计的初衷是将中小外贸企业和跨境进出口电商企业纳入统计，但从实际操作中，这些企业主要通过包裹或边贸形式操作，使用跨境电子商务通关服务平台将增加企业的成本，且需申报的材料还很复杂和烦琐，很多企业不会选择对接这一平台，因而其数据也无法纳入统计。跨境电子商务海关统计主要是按照"三单比对"的方法入境和出境的包裹和快递物品。在企业愿意主动与海关系统对接的前提下，这种统计方法是有效的。但是对于一些灰色报关的 B2C 和 C2C 业务，特别是一些海淘、代购等方式购买的海外产品，以及一般贸易方式进出境的 B2C 业务，这种统计方法是无法进行的。同时，对于没有明确纳入统计范畴的外贸综合服务等 B2B 业务，这种统计数据也不能真实反映行业发展的实际状况。

2. 国家统计局和商务部

（1）统计实践。从目前国家统计局开展的电子商务统计工作《互联网经济统计报表制度》《新产业、新业态、新商业模式专项统计报表制度》等公开资料来看，主要采集按行业分企业信息化及电子商务情况、分地区企业信息化及电子商务情况相关数据，并没有跨境电子商务相关的指标。国家统计局暂时还未对外公布统计跨境电子商务交易规模的办法，所以相关统计数据暂时无法提供。

商务部在 2013 年发布的《电子商务统计指标体系　第 1 部分：总体》中主要围绕电子商务统计过程中各项统计指标及其说明进行，其中与跨境电子商务相关的指标主要有：电子商务服务企业——企业间电子商务交易额（B2B）以及网络零售交易额（B2C、C2C）中面向海外的交易额（出口、进口）、面向海外的电子商务交易额相当于进出口总额比重，电子商务应用企业——面向海外区域的销售金额、面向海外区域的采购金额。且商务部从 2011 年起在全国范围内开展了电子商务相关企业典型统计调查工作，每年开展的问卷调查《典型电子商务服务企业经营情况统计年报表》中也包含跨境订单数、面向境外交易额等指标（表3-32）。

表3-32 商务部《电子商务指标体系》中与跨境相关的指标

统计对象	指标分类	一级指标	二级指标	三级指标
Ⅰ 电子商务服务企业 Ⅰ-Ⅰ 电子商务平台服务企业	规模	2 电子商务交易额	2-1 企业间电子商务交易额	2-1-1 面向海外的交易额 （2-1-1-1 进口交易额 2-1-1-2 出口交易额） 2-1-2 面向境内的交易额
			2-2 网络零售交易额	2-2-1 B2C交易额（2-2-1-1 面向海外的交易额） 2-2-2 C2C交易额（2-2-2-1 面向海外的交易额）
	国民经济影响	11 面向海外的电子商务交易额相当于进出口总额比重		
Ⅱ 电子商务应用企业	规模	24 电子商务交易额	24-1 电子商务销售额	24-1-4 面向海外区域的销售金额
			24-2 电子商务采购额	24-2-3 面向海外区域的采购金额

（2）主要问题。国家统计局对电子商务的统计体系框架已逐步完善，但对跨境电子商务信息的收集尚未开展或尚未公布。

虽然商务部在电子商务指标体系中设计有跨境电子商务的指标，且在每年开展的电子商务问卷调查中也设计跨境指标，但商务部并没有公布过通过该调查得到的数据，而是采用了其他机构的数据。如商务部曾在发布的《中国电子商务报告（2014）》《中国电子商务报告（2015）》这两年报告中给出过跨境电子商务交易额数据，也公布了其测算方法，即根据易观智库的监测数据，测算方法分两种：第一种是厂商比例测算法，采集阿里巴巴速卖通、亚马逊、eBay、兰亭集势等主要企业的数据，然后根据所占市场份额的多少进行推算;第二种是包裹测算法,采集海外仓发货的数据,然后根据中国邮政快递以及其他快递公司或其他渠道发货的数据量,分比例进行测算。综合两种方法测算的数据,考虑跨境电子商务在中国进出口总额中的比例及电商渗透率后,得到跨境电子商务相关数据。《中国电子商务报告(2016)》中则是借鉴了网易、敦煌网以及有关高校的研究报告中有关跨境电子商务的相关结论。自《中国电子商务报告(2017)》开始,商务部就以海关验放的跨境电子商务统计数据为准,不再单独估算跨境电子商务规模。商务部 2014—2015 年公布的统计数据所使用的估算方法与海关的统计方法存在本质差异,虽然能较好地反映跨境电子商务行业规模及发展水平,但由于采用抽样和比例估计法,抽样样本对广东省这种跨境电子商务大省的企业涵盖不多,仍具有较大的局限性。

3. 跨境电子商务试点及综合试验区

(1) 试点及综合试验区发展历程。2012 年,国家发改委牵头组织开展跨境电子商务试点,围绕以快件或邮件通关的跨境电子商务 B2C 模式难以快速通关、规范结汇及退税等问题,开展创新探索。主要采取"先试点后推广、出口放开、进口审慎"的原则,在郑州、杭州、重庆、上海、宁波 5 个试点城市批复后,逐渐扩大试点范围。跨境电子商务出口自 2013 年 10 月 1 日起,已在全国范围内放开。截至 2018 年 1 月底,共有 15 个城市获批跨境进口试点(监管代码 1210),其主要政策优势是可以开展网购进口保税模式,非试点城市则不可以开展网购进口保税模式。跨境电子商务进口试点主要在跨境电子商务 B2C 的监管原则、通关制度设计、商品清单管理、跨境电子商务综合税、出口退税、跨境支付等方面取得了一系列创新成果,如 9610 监管代码、1210 监管代码等,都是通过试点形成的监管模式创新。

2015 年,商务部牵头开展跨境电子商务综合试验区。自 2015 年 3

月国务院批准在杭州设立全国首个跨境电子商务综合试验区以来,截至2018年底,已在全国35个城市分三批开展试点,综合试验区是试点的升级版,主要围绕跨境电子商务B2B的技术标准、业务流程、监管模式和信息化建设等方面先行先试,兼顾跨境电子商务B2C创新发展。根据商务部数据,综合试验区开展以来,跨境电商综合试验区发展方向以B2B为主,出口和B2B的模式占到综合试验区跨境电商交易额的70%。

2018年12月,《关于完善跨境电子商务零售进口监管有关工作的通知》允许北京市、呼和浩特市、沈阳市、长春市、哈尔滨市、南京市、南昌市、武汉市、长沙市、南宁市、海口市、贵阳市、昆明市、西安市、兰州市、厦门市、唐山市、无锡市、威海市、珠海市、东莞市、义乌市22个新设立的跨境电子商务综合试验区开展网购保税进口业务。至此,网购保税进口模式扩大到37个城市(即15个跨境电子商务进口试点城市+22个跨境电子综合试验区城市),基本覆盖了全国主要城市。

(2)统计实践。各综合试验区城市根据不同标准创新统计方法,力求反映当地跨境电子商务的发展水平。2017年10月,商务部联合国家发展和改革委员会、海关总署等其他13个部门出台《关于复制推广跨境电子商务综合试验区探索形成的成熟经验做法的函》(商贸函〔2017〕840号),将跨境电子商务线上综合服务和线下产业园区"两平台"及电商诚信、金融服务、信息共享、智能物流、统计监测、风险防控"六体系"等成熟做法面向全国复制推广。其中,建立统计监测体系方法是试点经验之一。具体举措包括:一是联合开展跨境电子商务统计试点,海关总署、商务部和国家统计局在杭州、广州开展统计试点,建立完善跨境电子商务统计方法;二是创新统计方法,部分综合试验区出台B2B出口统计办法,确立物流单、订单、支付单三单认定标准,形成以企业调查、样本抽取为主的统计方法;三是加强线上数据的整合能力,部分综合试验区通过跨境电子商务服务中心来抓取数据;四是创新统计数据应用,部分综合试验区建立并发布跨境电子商务发展指数，对行业景气度、便利化水平等进行综合评估。如杭州综合试验区先后出台两批共 85 项制度创新清单。针对跨境电子商务 B2B，优化通关手续，海关加标"DS"标识，区分跨境电子商务 B2B 出口与一般贸易通关，并建立适用于跨境电子商务 B2B 的统计制度；出台全国首个地方性跨境电子商务促进条例，发布全国首个综合试验区白皮书和跨境电子商务发展指数。除杭州外，其他试点城市的统计方法大致相同，但细节上略有不同。这主要是因为国家鼓励制度创新和各试验区注册的试点企业类型不同。

（3）主要问题。全国 30 多个城市作为国家级试点和综合试验区城市，其目的是探索新的制度和方法，能够全面、客观地反映试点地区跨境电子商务的发展水平。然而，到目前为止其统计方法还存在一些问题：首先，经过 4 年多的试验，还没有形成统一的统计标准方法，各地统计数据差异较大；其次，尚未解决行业中普遍存在的灰色通关现象以及邮件、快递申报数量与实际不符的问题；再次，B2B 商业模式相对简单，只是从一种或多种类型的企业中统计收集数据，对于在交易后阶段提供服务的公司作出的贡献没有很好的反映。由于跨境电子商务进口商品均在财政部等部委公布的《跨境电子商务零售进口商品清单（目录）》内，且与海关系统对接的大部分为跨境电子商务进口平台，因而跨境电子商务进口统计只存在小规模的误差，出现统计误差的主要是跨境电子商务出口。目前，跨境电子商务出口 B2C 经邮快/边贸通关离境转关的方式超过 60%，"一般贸易＋海外仓"模式占 30%左右。其中，跨境电子商务出口走邮政/边贸，导致跨境电子商务企业 B2C 交易游离于正规渠道清关之外，无法阳光结汇，无法体现营收，并造成海关统计数据漏统。2018 年，商业研究机构电子商务研究中心统计的中国跨境电子商务零售额已达到 1 386 万亿元，而纳入海关统计的跨境电子商务交易额（均为零售额）仅为 1 347 亿元，海关统计数据仅占市场机构数据的 9.7%；而且进口额远超出口额,与市场分析的出口大于进口正好相反。同时,杭州跨境电子商务综合试验区报告的交易额达113.7亿美元,说明海关、综合试验区等政府主管部门所统计的跨境电商数据与商业研究机构的数据出入较大,主要是政府未完全将跨境电子商务零售(以B2C为主)出口以及跨境电子商务B2B进出口额纳入统计体系,造成数据漏统,影响科学决策。跨境电子商务试点及综合试验区还亟须持续改革创新。

(二)其他部门跨境电子商务统计与测度

1. 商业研究机构

自2014年起,一些商业研究机构从2014年起就对跨境电子商务规模给出了年均30%以上的增速和数万亿元人民币的数据。例如,电子商务研究中心对跨境电子商务的数据统计甚至可追溯到2000年,且分跨境B2B、跨境B2C以及商品品类等具体细分数据,但缺乏中国31个省份的数据。且商业研究机构通常只发布统计数据,一般并不公布统计方法。这些数据基本上是基于企业抽样结果推算得出的,涵盖了跨境电子商务相关企业在交易各个阶段的业务数据。事实上,这种方法的统计结果与海关的统计结果有很大的不同,甚至有时候同一个商业研究机构根据不同数据给出不同的预测结果。商业研究机构的跨境电子商务统计规模研究具有如下几个特点:第一,缺乏客观证据,都以部分数据预测为主,说服力不强;第二,不受国家法律制约,发布的数据不需要承担经济与法律后果;第三,商业研究机构的统计数据往往带有商业目的,其目的包含吸引投资者关注、吸引市场资金注入、迫使政府出台配套政策等,所以往往具有一定的主观性。

2. 跨境物流数据

近年来,中国跨境电子商务发展迅猛,跨境包裹数量快速增长。根据国家邮政局数据,2022年,全国快递服务企业业务量累计完成1 105.8亿件,同比增长2.1%;业务收入累计完成10 566.7亿元,同比增长2.3%。其中,国际/港澳台快递业务量和业务收入分别占全部快递业务量和业务收入的1.8%、11.0%。2011—2022年,全国快递行业业务量保持快速增长态势。2013年增速最快,为61.5%,2022年增速最慢。这说明目前中国快递行业的增速有所放缓,发展趋于稳定,这一发展趋势和跨境电子商务的趋势类似,都是经过高速增长后在近几年增速有所放缓。中国跨境电子商务的发展速度非常惊人,但从事跨境快递业务的物流公司相对较少,且大多是由国际快递公司完成的物流配送服务。国际物流快递公司如DHL(中外运-敦豪国际航空快件有限公司)、UPS(联合包裹运送服务公司)、FedEx(联邦快递公司)、TNT(荷兰邮政集团子公司)是中国主要的跨境包裹承运商,国际航运公司如马士基也推出了跨境包裹业务。在国内快递方面,中国邮政速递推出e邮宝服务,顺丰速递推出SFBuy,进入跨境电子商务快递市场。国内多家快递公司也在海外布局,如"四通一达"(中通、申通、圆通、汇通以及韵达快递)、德邦快递等,通过自建网点或寻找当地合作伙伴,国际电子商务公司提供跨境快递物流服务。此外,物流服务也在一些电商平台相继推出,如敦煌网上线的"在线发货"专线物流服务;PayPal与众多国际知名的快递、邮政、海外仓储服务商合作,推出10多项海外专线物流解决方案。跨境电子商务物流也分为出口和进口,以对应跨境电子商务的出口和进口。出口货物的通关速度一般较快,而跨境电子商务出口一般是以海运集装箱、保税囤货或飞机拼仓等方式出口,门槛较低,监管较少。目前主流的出口跨境物流方式主要有国际快递、邮政小包、专线物流、海外仓、国内快递企业的跨国物流业务(表3-33)。进口涉及海外集货、海外转运、国内派送、进口清关等环节,流程较为复杂,因此物流仍是影响跨境电子商务进口业务的瓶颈之一。按照参与主体的不同,当前跨境电子商务进口的物流模式主要有三种:转运、直邮进口、保税进口。

表 3-33 跨境电子商务出口物流模式对比

模　式	典型服务商	派 送 范 围	运费(0.5 kg中美)	时效
邮政包裹	中国邮政	217个国家和地区	41.5元（挂号小包）	16—35天
海外专线	燕文物流	根据线路而定	45.7元(航空挂号小包)	15—20天
海外仓	万邑通	北美洲、欧洲及澳大利亚	20元	3—4天
商业快递	FedEx	全球超过235个国家和地区	128元	3—7天
国内快递的跨国物流服务	顺丰速运	美国、澳大利亚、韩国、日本、新加坡、马来西亚、泰国、越南、俄罗斯等	280元 170元	2—3天 4—6天

资料来源：根据各快递公司公开资料整理。

3. 跨境支付数据

支付作为跨境电子商务不可或缺的组成部分，随着跨境电子商务进出口的逆势增长而高速增长。根据易宝研究院发布的数据显示：2021年中国跨境支付行业同比增长22.4%，交易规模达12 000亿元，2010—2021年年均增速达55.5%（图3-7）。目前，跨境电子商务企业主要采取第三方支付平台的方式进行支付。根据艾瑞咨询调查结果，2018年超过70%的跨境网购用户选择使用第三方支付平台进行支付。目前中国跨境支付的市场需求巨大，但是明显市场竞争不足，这是因为跨境支付与其他传统支付不同，该支付过程必须向两国的监管部门报告，这就使得过程非常复杂，所以如何解决跨境支付的问题并设计出能够得到监管部门支持、改变贸易双方习惯的解决方案，是跨境支付企业亟须解决的难题。

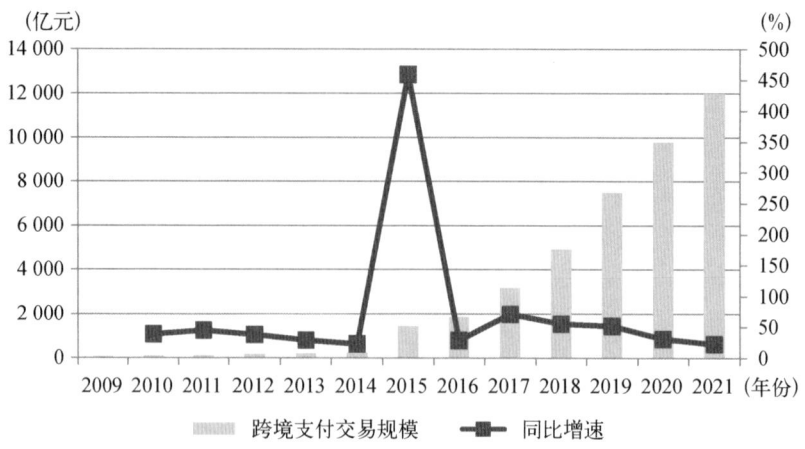

图 3-7　2009—2021 年中国跨境支付规模

资料来源：网经社电商行业数据库。

4. 国际收支数据

当前，中国的国际收支统计制度和框架体系主要是以 BPM6（中国国际收支平衡表时间序列）为依据，以国家外汇局国际收支的间接申报作为统计主体，并辅以直接申报和调查统计数据。其中，跨境电子商务的统计数据包含有形商品的交易，数据来源于国际收支统计中银行部门的间接申报。国家外汇管理局于 2014 年增设了"122030-未纳入海关统计的网络购物"指标，用于统计邮政渠道或通过网络购物发生的商品所有权发生变化的交易数据，可以认为其中绝大部分均为跨境电子商务零售额。但用国际收支统计的数据口径来反映跨境电子商务交易规模时面临以下问题：部分跨境电子商务企业为了逃避检查，并不会通过正规渠道收付汇和支付，更多的是通过地下钱庄、收集个人身份证进行个人分拆出入境等渠道来实现资金的跨境收支，而且这一部分占的比例不低；如果企业以网购保税进口、直购进口方式报关，因为跨境电子商务综合服务平台并未与国家外汇局信息系统打通，导致外汇管理局并不能掌握跨境电子商务报关信息;另外,部分个人在海外购买虚拟商品或不在平台上购买,交易资金在个人之间进行,经常以赡家款反映在转移项目下,或申报在旅行收入项目下,而不是根据其真实性质作出申报,从而造成国际收支统计数字严重失真。因此国际收支数据口径也不能准确地反映跨境电子商务行业的真实交易情况。

三、小结

总的说来,中国目前实践层面对于跨境电子商务的统计方法和数据来源各不相同,所得到的统计结果也出现较大差异。如海关总署对跨境电子商务的统计方法客观、真实,具有权威性。直接和样本企业联网通过"三单比对"对真实的交易数据进行汇总得出,但和海关联网的只有愿意接受监管的平台企业,所涵盖的样本数量并不全面,政府尚未完全将跨境电子商务零售出口纳入统计,造成海关统计的进口额远超出口额,且海关统计数据仅包含跨境零售进出口数据(主要为B2C模式),并不涵盖跨境B2B模式(该模式才占据主导,以一般贸易模式纳入海关统计),因而海关统计的跨境电子商务零售额不可避免会明显低于商业研究机构的监测数据,并不能真实地反映跨境电子商务的行业现状。商务部从行业整体出发,通过测算和抽样的方式进行总体判断,统计方法和统计数据更加科学。但是,由于统计标准和范围的不确定性,以及抽样企业的代表性不完全,统计数据存在一定的偏差。杭州、广州等跨境电子商务综合试点城市对海关统计开展的试点工作虽然在方法上有所创新,但仅限于在本地市场应用,否则可能造成各地的重复统计,也无法反映整个行业的现状,而且其数据尚未形成定期发布渠道。电子商务研究中心、艾瑞咨询等商业研究机构数据虽然定期发布研究报告,但一般都不公布统计方法和统计范围等,所发布数据并不具备权威性,且可能因涉及商业利益而倾向于夸大跨境电子商务行业的规模,也不能客观真实地反映行业的总体规模,但因为其统计的时间较长,出口和进口、B2B 和 B2C 等结构数据较为全面,在反映整体行业发展趋势及结构特点方面仍有其可取性。

第三节　国内外跨境电子商务统计理论与测度实践比较

一、国内外跨境电子商务统计与测度体系

总的来说,目前国外官方统计机构和国际性组织主要依据可进行国际比较的原则调查电子商务的发展状况,并在此基础上增加跨境电子商务的调查。在所有统计与测度指标中,OECD 关于电子商务的指标体系和模型是较为全面的,而且目前已公布跨境电子商务数据的国家,其指标设计和测度方法等大多参考了 OECD 推荐的优先测度指标排序,同时也考虑了本国电子商务(包括跨境)的发展水平和特点。其指标体系主要包含了 OECD 模型推荐的前两个维度——电子商务准备度、使用度,涉及影响度的指标较少。虽然尚未增加跨境电子商务相关的指标,但 OECD 对电子商务的研究可作为跨境电子商务统计与测度参考的理论框架和指标体系基础。而中国当前跨境电子商务的官方数据口径以海关验放数据为准,虽然以国家统计局为主的电子商务的统计指标体系也主要参照 OECD 的体系,收集企业、个人信息化和电子商务的情况,也是涉及 OECD 建议优先测度的准备度和使用两个维度,但问题是还未涉及跨境电子商务相关指标(表 3-34)。

表 3-34 国内外跨境电子商务统计测度的比较

国家地区和国际组织	统计对象	调查类型	统计方法	主要指标	借鉴意义
OECD	OECD 国家企业和个人 ICT 及电子商务使用情况	ICT 专项调查	提供问卷模板,各国统计局提供数据	家庭/个人以及企业 ICT 数据库中各有 15、10 个电子商务指标,但未提供跨境信息	OECD 在电子商务的定义、问卷模板、指标衡量的优先度和统计标准制定等方面做出了重大贡献
欧盟	欧盟成员国企业和家庭/个人 ICT 使用和电子商务调查	在 ICT 专项调查中增加调查项目	提供问卷模板,各国统计局提供数据	包含企业跨境销售、家庭/个人跨境购买相关指标	问卷设计、指标体系等可以借鉴
国际电信联盟	联合国系统内的全球及各国的电信/ICT 数据和统计数据	基于各国 ICT 调查	从各国国家电信/ICT 部门和监管机构以及国家统计局获取 ICT 数据	ICT 核心指标中有 6 个电子商务指标,但不包含跨境信息	建立了一套基于国际统一标准的 ICT 核心指标,可借鉴
联合国贸发会议	与其他国际组织开展联合措施推动跨境电子商务的统计与测度工作	基于各国消费者调查或消费比例测算	根据各国官方数据	测算全球 B2C 交易额、发布全球 B2C 电子商务发展指数年度报告等	构建了一套从电子商务评估、信息通信技术基础设施、支付、物流、法律法规框架、技术研发、融资等方面评价电子商务成熟度的指标
加拿大	企业和个人互联网应用调查	基于 ICT 专项调查的补充调查	加拿大统计局提供数据	包含加拿大企业海外互联网销售比例、消费者在国内外商品和服务上的在线支出等跨境指标	电子商务调查主要是 ICT 专项调查的补充调查

续　表

国家地区和国际组织	统计对象	调查类型	统计方法	主要指标	借鉴意义
韩国	韩国企业和个人的电子商务应用情况	在电子商务调查中增加跨境问题	由国家统计局调查和发布	2016年起开始对外公布跨境网上销售及购物数据（季度）	分类方法科学，调查的范围较广，数据统计的连续性好
日本	日本企业和个人因特网使用和电子商务应用情况	在电子商务调查中增加跨境问题	日本经济产业省发布	日本、中国和美国之间的跨境B2C销售额	目前少有的已知发布特定目的地双边B2C跨境电子商务官方数据的国家
中国	海关验放跨境电子商务零售进出口额	根据企业申报信息开展"三单比对"汇总得出	海关	通过海关跨境电子商务通关服务平台零售进出口商品总额	国家统计局、商务部尚未发布过相关跨境数据，目前官方数据以海关验放数据为准

资料来源：根据公开资料汇总。

二、国内外跨境电子商务统计与测度特点

（一）主要调查机构以官方统计机构为主

从组织者来看，国外关于电子商务及跨境电子商务的统计调查全部是由官方统计机构单独进行，或与其他相关政府部门合作实施的。如果是商业机构或学术机构等负责开展相关统计与测度工作，可能受到各种质疑。只有国家统计局这种官方统计机构开展有关电子商务（包括跨境）统计调查，其权威性、公正性、可靠性才更可能得到社会各界认可。中国也是由国家统计局、商务部等负责开展电子商务统计调查，电子商务统计体系逐步完善，但对于跨境电子商务的统计尚未开展或进展缓慢，目前采

用的是海关系统验放的跨境商品进出口数据，权威的官方统计机构国家统计局在其中的参与度不够。

(二) 获取跨境信息主要在现有调查中添加项目

根据OECD、欧盟成员国以及日本、加拿大等国家关于电子商务(包括跨境)的统计理论与实践而言,大多数国家在现有的统计调查中增加电子商务相关内容的调查项目或作为其他调查的补充调查,最大限度利用已有的调查项目,只有在少数情况下开展专项电子商务调查,但由于专项调查成本费用很高,即使开展也不占主导。开展单独调查来获取跨境电子商务数据的可行性或必要性不高,如欧盟就是在现有的ICT和电子商务专项调查或贸易和商业登记数据收集计划中添加一些跨境的问题,如包含一些关于电子商务销售在国内还是在国外的问题,提高贸易和跨境电子商务数据的可用性和可比性。

(三) 跨境电子商务价值数据仍然缺乏

根据几个发达经济体的数据,有一小部分但很重要的企业向国外客户进行网上销售,而国外客户在网上销售中占了相当大的比例。根据联合国贸发会议的建议,评估跨境电子商务价值的最佳方法可能是对卖家的海外销售额进行调查。然而,如前所述,关于企业电子商务价值调查还很少,且只有一些调查单独提供了是否跨境销售的信息以及参与跨境销售或购买的企业和个人比例,而非跨境销售或购买额的价值信息。

(四) 跨境数据仅有少数包含跨境B2C数据,跨境B2B数据尤其缺乏

目前还没有官方国别数据公布关于按B2B或B2C分类的海外电子商务销售额数据。一些政府还收集了从国外网站购买的个人数量的需求侧数据(提供B2C和C2C的洞察),但很少收集交易的实际价值数据。只

有日本经济产业省公布了一些关于跨境 B2C 电子商务价值的数据。少数国家电子商务行业协会发布了跨境 B2C 电子商务交易额数据。全球的一些知名市场研究公司编制了若干关于 B2C 跨境电子商务数据的估计。这些数据集之间以及列出个别国家数据和其他来源的数据集之间有很大差异。以跨境电子商务为例，各个机构发布的跨境电子商务 B2C 交易额在 3 000 亿—3.5 万亿美元之间，数据口径差距极大。其中一个原因可能与数据覆盖有关，即是否包括服务，而已有大多数数据估计口径都没有说明是否包含服务。根据以上阐述，跨境 B2C 电子商务贸易的官方和市场研究数据开始出现。但是，质量、方法和透明度各不相同，妨碍了跨国比较，特别是各家市场研究公司的研究不利于横向比较。特别需要注意在使用需求侧调查时，如果不调整具体区分跨境销售，需求侧调查往往会夸大国内零售电子商务的交易额。同时，基于网络上的消费者调查并不具有全国代表性，回收的问卷中消费者可能对某些特定类型的问题回答准确性不高，比如对消费较多的网站中具体哪些网站实际上是国外的以及跨境消费的具体金额并不确切了解。因此，跨境电子商务数据和国内的电子商务数据一样，在概念、定义和来源方面，国家之间和国家内部都存在很大差异。更重要的是，B2B 模式电子商务可能对商品和服务的国际贸易更重要，但目前全球范围内关于 B2C 的统计与测度数据比 B2B 电子商务要多得多。

第四章 | 跨境电子商务发展水平的测度

- 第一节 综合评价指标体系的构建
- 第二节 中国跨境电子商务发展水平的测度
- 第三节 本章小结

在正式开展对跨境电子商务的贸易效应的检验工作之前,还需要找寻到能全面测度中国跨境电子商务发展情况的指标。目前中国官方机构和商业研究机构关于跨境电子商务的数据仍不能准确反映跨境电子商务的发展水平。国内部分学者在实证分析时一般选用邮件数量、互联网用户数量等指标作为跨境电子商务发展水平的替代变量,但这些指标也只能部分反映跨境电子商务行业的情况。参考前文对国内外电子商务(包括跨境)统计与测度理论和实践研究,本章将借鉴国际组织和已公布有跨境电子商务官方统计数据国家的经验,参照 OECD 的做法构建基于创新扩散理论的跨境电子商务生命周期模型,构建综合评价指标体系科学测度中国跨境电子商务发展水平,为后文对研究跨境电子商务的贸易效应提供数据基础。

第一节 综合评价指标体系的构建

一、理论依据

从前文对国际组织和部分国家电子商务统计和测度的分析中可以看到,各个国家或地区大多基于 OECD 的框架,再结合本国实际构建(跨境)电子商务发展测度指标体系。1997 年,经济合作与发展组织(OECD)基于罗杰斯的创新扩散理论构建了关于电子商务发展的生命周期模型,来衡量电子商务的发展水平,具体如下。

(一)创新扩散理论

创新扩散理论最早是由美国著名传播学者埃弗雷特·罗杰斯(E. M.

Rogers)于1962年提出的,他的指导思想是面对创新,一部分人的思想会比其他人更为开放,愿意接受并采纳创新。罗杰斯在《创新扩散》一书中指出:"创新是一种被个人或采纳单位视为新颖的实践、观念或事物。创新扩散是指一项创新经过一段时间、通过特定渠道、在社会系统中进行传播的过程。"创新扩散基本包括四个要素:一项创新、时间、特定传播渠道、通过对创新和创新扩散定义的解析,由此可概括得出创新扩散过程包括五个阶段:

(1) 获知:接触某种新产品或新技术,并开始对其进行了解;

(2) 说服:对该项创新态度的形成,即对创新形成赞同或反对的态度;

(3) 决定:根据自身需求及对该项创新的深入了解,确定是否采纳;

(4) 实施:将创新运用于实践当中;

(5) 确认:根据创新结果,寻求更多与创新相关的情报,强化或撤回上述决定。

罗杰斯通过探究创新扩散的过程和各种影响因素,概括出一项创新在社会系统中的各个成员之间传播的规律,提出了著名的创新扩散S形曲线,即创新累积采纳者数量随时间呈S形状。对S形曲线的解释:某项创新扩散的早期,采用者较少,进展很慢;当采纳者的数量增加到居民的10%—25%时,扩散的速度会突然加快,曲线在一段时间内也会迅速上升并一直保持这个趋势,即所谓的"起飞期";当整个系统中潜在的采纳者大都采纳了创新时,接近或达到饱和点,扩散速度就会变得缓慢。整个扩散过程类似于一条S形的曲线。在创新扩散过程中,最早的那些采纳者为之后扩散的加速起飞作了必要的准备,这些数量颇少的采纳者为创新在社会成员中的传播发挥了很大的作用。罗杰斯认为,新产品或新技术能持续在社会系统的成员之间传播的必要条件是:这种新事物的采纳者必须达到一定数量(临界点),一般是指人口的

10%—25%。创新扩散过程会在数量达到临界点时起飞,接着进入加速扩散阶段。饱和点(saturated point)的出现,意味着创新(新技术或新产品)在社会系统的成员之间一般达不到100%扩散。实际上,在社会系统中许多创新扩散最终只能达到某个比例。当系统中所有潜在的创新采纳者大部分采用了该创新时,系统中累积的创新采纳者数量就是该创新扩散的饱和点。

学术界对创新扩散理论和模型进行了深入研究,笔者的研究只是基于创新扩散理论探讨创新扩散规律(扩散的S形曲线)与(跨境)电子商务发展过程的关系,在此不深入探究创新扩散模型及其机理。

(二) OECD测度电子商务发展的生命周期模型

OECD基于罗杰斯的创新扩散理论构建的关于电子商务发展的生命周期模型,将电子商务的发展过程分为从初始到成熟三个阶段:准备阶段(Readiness,就绪度)、使用阶段(Intensity,应用度)和影响阶段(Impact,影响度),再针对每个阶段选取合适的指标构建衡量电子商务发展水平的指标体系。

(1) 准备(就绪度,Readiness)。准备就绪度反映一个国家或地区发展电子商务的准备情况,这一维度是支持电子商务发展的前提,对电子商务的整体健康发展具有重要影响。具体测度的是支撑电子商务行业发展所必需的ICT专业知识、ICT技术和基础设施。

(2) 使用强度(应用度,Intensity)。使用强度测度电子商务的发展和应用状况,这一维度反映电子商务应用程度越高,使用电子商务的次数越多、频率越高,对参与电子商务交易的双方影响越大。具体测度的是电子商务中间环节的发展,即电子商务交易中买卖双方电子商务应用程度。

(3) 影响(影响度,Impact)。影响阶段测度电子商务对社会和经济的影响程度,这一维度主要体现电子商务影响力越大,其对国民经济产生的贡献越大。具体测度电子商务交易完成后的增加值和乘数效应,主要涵盖经济社会利用电子商务所创造的新财富。

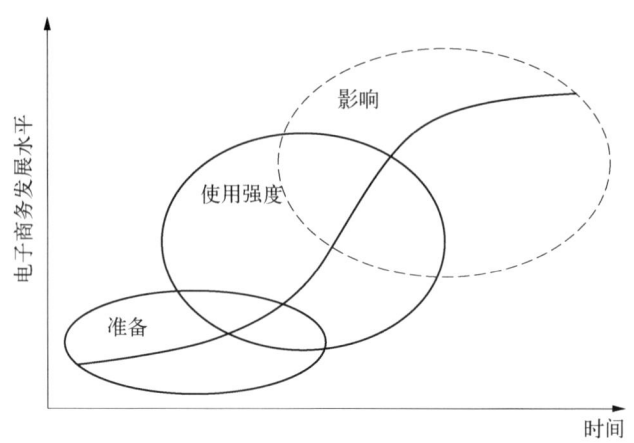

图 4-1 OECD 测度电子商务发展的生命周期模型:S 形曲线

资料来源:OECD 报告《电子商务的定义与测度》(Defining and measuring e-commerce)。

二、设计思路

跨境电子商务和电子商务一样也是一项创新,它的扩散过程同样遵循罗杰斯的"S"形曲线,故本文根据 OECD 构建的衡量电子商务发展的生命周期的指标体系为理论依据,构建衡量中国跨境电子商务发展水平的指标体系。目前全球已公布有跨境电子商务官方统计数据的国家普遍采用 OECD 的电子商务统计与测度指标框架,即主要测度电子商务准备度、使用强度和影响三个维度(主要是前两个),并在此基础上添加关于跨境的信息来反映跨境电子商务的发展情况,可见它具有很强的科学性和可操作性。同时为了遵循国际可比性,本文在设计指标时也参考 OECD

的基本框架和模板,且中国基于OECD这一测度体系开展的电子商务统计调查已取得较大进展,故本文在电子商务统计指标的基础上选取和跨境电子商务相关的合适的指标进一步补充跨境电子商务的信息。另外,根据电子商务研究中心数据,中国B2B跨境电子商务交易模式在跨境电子商务中占比超八成,多年来一直是主导的商业模式,B2C模式虽然发展迅速,但占比仍不高,故本文在跨境电子商务的指标体系构建时将主要选取企业测度为主的指标,对家庭(个人)、第三方平台和政府的参与度指标进行一定补充。

三、构建原则

(一)系统性和科学性

跨境电子商务发展水平测度指标的体系和内容要符合科学性,结合跨境电子商务行业的实际发展情况和特点来设计科学的指标体系。同时,要从跨境电子商务发展水平的结构出发,对评价指标进行系统的划分,以涵盖跨境电子商务发展的各个方面,以便从不同的角度进行评估。同时,还考虑指标之间的相互关系进行综合评价,以实现全面客观的测度过程。

(二)可操作性

尽管理论上评估指标的数量和时间跨度将对评估结果产生重要影响,但实际上由于指标数据的可用性,不可能将所有理论指标全面、准确地引入研究中。指标的选择应基于可操作性原则,并应尽可能选择具有代表性和可获得性的客观指标数据以进行研究分析。选择尽可能少的代表性指标,且指标易于理解和收集,可以反映出更全面的情况。

(三) 易量化、具可比性

所选择的指标应主要为定量指标,定性指标的选择应注意其可量化性。另一方面,指标应具有可比性,可在空间和时间上了解指标的动态变化。

第二节 中国跨境电子商务发展水平的测度

一、指标体系及说明

跨境电子商务发展水平的指标评价和测度过程主要包括:建立评价跨境电子商务发展水平的指标体系;收集、整理和分析真实可靠的相关数据;调整测量指标和方法;测度实施;测度结果分析;最后,将真实可靠的数据代入相应的指标公式进行测量。通过计算和分析,得出了相关的测度结果,反映了中国跨境电子商务的发展水平。

(一) 指标体系

根据前文指标体系设计的总体思路,结合中国跨境电子商务行业的发展现状和现实情况,本文借鉴 OECD 构建的电子商务指标体系方法和实践经验,从中国跨境电子商务发展的不同阶段出发,主要设计了三大类一级指标,即跨境电子商务准备度指标、跨境电子商务应用度指标、跨境电子商务影响度指标,构建了如下综合评价指标体系,用于对中国跨境电子商务发展水平进行测度和评价(表 4-1)。

(二) 指标说明

1. 跨境电子商务准备度指标

这部分主要选取国际互联网出口宽带、域名数、网站数、互联网普及

表4-1 中国跨境电子商务发展水平综合评价指标体系

编号	一级指标	二级指标	二级指标基础数据	指标说明	指标来源参考
A	跨境电子商务准备度	ICT技术连通度	域名数	从互联网基础设施及服务水平反映中国互联网的连通程度	中国互联网络信息中心（CNNIC）每半年发布的《中国互联网络发展状况统计报告》
			网站数		
			互联网国际出口宽带		
			互联网普及率		
			电话普及率		
			ICT专业技术人员	从ICT技术人才等人力资本的角度反映准备度	国家统计局公开的数据
B	跨境电子商务应用度	电子商务应用情况	电子商务交易额	从互联网产业应用的情况侧面反映出跨境市场的活跃度	国家统计局《统计年鉴》"18—46分地区企业信息化及电子商务情况"中的数据
			网上零售额渗透率		
			网购渗透率		中国互联网络信息中心（CNNIC）每半年发布的《中国互联网络发展状况统计报告》
		跨境电子商务应用情况	跨境电子商务交易额	正面反映跨境市场的活跃度	根据电子商务研究中心监测数据
			跨境电子商务出口交易额		
			跨境电子商务进口交易额		
		跨境电子商务支撑情况	快递业规模	侧面反映跨境电子商务的应用度	统计部门发布数据
C	跨境电子商务影响度	跨境电子商务对经济的贡献度	进出口渗透率	跨境电子商务对进出口贸易的贡献度	电子商务研究中心监测数据、国家统计局数据
			出口渗透率		
			进口渗透率		

资料来源：上述指标由笔者根据OECD指标体系方法尽可能选取相关的官方统计指标归纳得出。

率、电话普及率等电信通信能力和服务水平指标,从互联网基础设施及服务水平反映中国互联网的连通程度;选取信息传输、软件和信息技术服务业城镇单位就业人员占城镇总就业人口的比重,从ICT技术人才等人力资本的角度反映跨境电子商务人才支撑的准备度。跨境电子商务的发展有赖于ICT技术的飞速发展。ICT技术的应用主要包括ICT的发展和设备的就绪程度、信息网络系统的建设、与ICT相关的法律法规以及ICT的服务水平等。相关ICT专业人员是确保顺利应用的关键支持,ICT技术涵盖了跨境电子商务运营的方方面面,这是跨境电子商务顺利运营的保障,它的出现减少了传统业务流程并提高了企业竞争力。因此,ICT技术的广泛应用和网络基础设施建设的加速,可以大大提高跨境电子商务的发展水平。因此,在对跨境电子商务的发展进行测度和评估时,有必要设计与ICT技术服务水平、网络基础设施建设水平以及通信技术从业者人数有关的指标。

2. 跨境电子商务应用度指标

这部分主要选取电子商务交易额、网售零售额占社会消费品零售总额的比重、网购人数占总网民人数的比重等指标反映互联网产业电子商务应用水平,从侧面反映跨境电子商务的活跃度。而关于跨境电子商务应用水平方面,考虑到数据的可获取性,官方海关总署的数据只从2015年开始,且不能很好反映跨境电子商务市场的规模,跨境电子商务官方相关的数据缺乏,故本文主要选取电子商务研究中心对跨境电子商务进口、出口等的监测数据,虽然该数据口径并非官方,但因为可追溯时间长,且能较好反映中国跨境电子商务发展的趋势发展,故采纳其交易额数据作为其中的一个方面来直接反映跨境市场的活跃度。与传统的国际贸易方式一样,测度跨境电子商务发展水平的主要指标是通过跨境电子商务这一贸易方式产生的交易额,跨境电子商务交易量直接反映了跨境电子商务的发展水平。对于外贸企业而言,积极从事跨境电子商务的原生动力在于采用跨境电子商务能进一步促进贸易额的提高。如今,国际组织和各国都以交易量为核心指标,来衡量跨境电子商务的发展水平和进行跨境电子商务比较。因此,应重点关注跨境电子商务交易量的指标。另外还选取快递数量反映物流环境方面的支撑水平,侧面反映跨境电子商务的应用度。近年来,中国跨境电子商务发展迅猛,但仍面临来自多方面的障碍,尤其是来自环境方面的限制。要进一步推动跨境电子商务的发展,除了要推动 ICT 技术和基础设施建设之外,还应加强完善跨境电子商务的外部环境。跨境电子商务的进一步发展主要面临物流环境、法律环境、交易环境等方面的障碍,这些外部环境在确保跨境电子商务发展中发挥着重要作用。因此,物流等外部环境也是评估跨境电子商务的重要指标。

3. 跨境电子商务影响度指标

跨境电子商务对国民经济的影响度指标主要反映跨境电子商务在国民经济中的地位和作用,以及对经营、管理、消费、流通的促进作用。由于数据收集的难度,剔除部分相关性较小的指标,因此这部分主要选取跨境电子商务交易额、跨境电子商务出口交易额、跨境电子商务进口交易额占中国货物进出口、出口、进口的比重,通过对传统进出口贸易的渗透率指标反映跨境电子商务对进出口贸易的影响及对国民经济的促进作用。

(三) 数据来源

本书研究的时间跨度为 2000—2018 年,所涉及指标的数据来源如下:域名数(万个)、网站数(万个)、互联网国际出口带宽(Mb/s)、互联网普及率(%)、电话普及率(包括移动电话)(部/百人),网购消费者和网民人数均根据中国互联网络信息中心(CNNIC)自 2001 年 1 月—2019 年 2 月每半年发布一次的《中国互联网络发展状况统计报告》以及各年《中国统计年鉴》中相关数据整理和计算得出。信息传输、软件和信息技术服务业城镇单位就业人员比重(%)根据各年《中国统计年鉴》中相关数据计算。电子商务交易额、网售零售额占社会消费品零售总额的比重两个指标根据来源于中国 B2B 研究中心发布的《1997—2009：中国电子商务十二年调查报告》、电子商务研究中心发布的《2010—2013 年度中国电子商务市场数据监测报告》、国家商务部发布的《中国电子商务发展报告》(2013—2018 年)，并经作者计算所得。网购人数占总网民人数的比重所使用的网购消费者和网民人数参考中国互联网络信息中心(CNNIC)每半年发布的《中国互联网络发展状况统计报告》。跨境电子商务进出口交易额、出口交易额、进口交易额数据来源于电子商务研究中心的统计监测数据，跨境电子商务进出口、出口、进口渗透率指标数据根据各年中国货物进出口数据(《中国统计年鉴》)计算而来。

(四) 测度方法

关于跨境电子商务综合评价体系测度部分，最重要的是指标权重的选择。现有研究中赋权方法主要有两种：一种是主观加权法，如德尔菲法和层次分析法，容易受所属专业领域专家主观因素影响；另一种方法是客观加权法，主要包括因子分析、熵权法和变异系数法，因子分析要求选择的样本量必须大于评估指标的数量才能获得巴特利特检验 Bartlett 结果和 KMO 值。但是，本文以 2000 年至 2018 年的中国跨境电子商务发展水平为研究对象，样本量与评价指标的数量相似，故本文最终选定熵权法来确定各指标的权重。

1. 熵权法介绍

熵权法是申农最早在信息理论中引入的方法，已广泛应用于工程技术，社会经济等领域。熵权法的基本思想是根据指标的变异性确定客观权重。指标的信息熵 e 越小，指标值的变化程度越大，它提供的信息越多，它在综合评价中可以发挥的作用就越大，其权重也就越大。指标的信息熵 e 越大，指标值的变化程度越小，提供的信息越少，其在综合评价中的作用越小,权重越小。

2. 熵权法赋权步骤

(1) 数据标准化。将各个指标的数据进行标准化处理:

$$y_{ij} = \frac{x_{ij} - x_{j\min}}{x_{j\max} - x_{j\min}} \qquad (4-1)$$

其中,y_{ij} 为经过无量纲化处理的第 i 个单位的第 j 个指标值;x_{ij} 为第 i 个单位第 j 个指标数据原始值。

(2) 定义标准化:

$$Y_{ij} = \frac{y_{ij}}{\sum\limits_{i=1}^{m} y_{ij}} \qquad (4-2)$$

(3) 求各指标的信息熵

指标信息熵值 e 和信息效用值 d,第 j 项指标的信息熵值为:

$$e_j = -\frac{1}{\ln m} \sum_{i=1}^{m} Y_{ij} \ln Y_{ij} \qquad (4-3)$$

信息效用值为:

$$d_j = 1 - e_j \qquad (4-4)$$

(4) 评价指标的权重。信息效用值越大,表明指标越重要,对评价的重要性就越大。最大可以得到第 j 项指标的权重为:

$$W_j = \frac{d_j}{\sum\limits_{j=1}^{n} d_j} \qquad (4-5)$$

(5) 求解综合评价值:

$$F = \sum W_j y_{ij} \qquad (4-6)$$

二、指标测度结果分析

本文运用 MATLAB 程序使用熵权法，对中国 2000—2018 年 16 个变量（X1 至 X16）进行赋权，从而计算得出中国跨境电子商务发展水平的综合得分 F。其中将跨境电子商务进出口交易额、出口交易额、进口交易额及贸易渗透率指标分成三组，分别测度中国跨境电子商务发展总体水平、跨境电子商务出口发展水平和跨境电子商务进口发展水平，最后计算出 2000—2018 年中国跨境电子商务发展水平综合评价实数，具体见下表 4-2。

表 4-2　2000—2018 年中国跨境电子商务发展水平综合评价指数

时　间	跨境电子商务进出口发展指数	跨境电子商务出口发展指数	跨境电子商务进口发展指数
2000 年	0.003 622 9	0.003 692 6	0.003 282 2
2001 年	0.006 906 3	0.007 235 2	0.003 328 9
2002 年	0.016 926 7	0.018 076 5	0.009 750 4
2003 年	0.021 205 7	0.023 421 3	0.012 441
2004 年	0.036 176 3	0.039 057 7	0.025 623 2
2005 年	0.052 379 5	0.055 087	0.039 225 7
2006 年	0.062 797 4	0.064 632 4	0.048 607 4
2007 年	0.095 591	0.097 771 1	0.077 304 7
2008 年	0.135 261 3	0.139 238 9	0.112 735 9
2009 年	0.162 543 7	0.167 039 2	0.142 435 3
2010 年	0.157 569	0.160 956 3	0.138 514 2

续 表

时 间	跨境电子商务进出口发展指数	跨境电子商务出口发展指数	跨境电子商务进口发展指数
2011年	0.193 939	0.199 797 9	0.165 720 2
2012年	0.249 479 5	0.253 871 6	0.224 147 5
2013年	0.493 128 2	0.501 124 3	0.458 897 1
2014年	0.573 288 8	0.580 394 8	0.534 069 8
2015年	0.693 464	0.696 335 6	0.672 332 4
2016年	0.820 511 9	0.822 073 3	0.800 368 5
2017年	0.901 806 4	0.898 312 1	0.886 392 4
2018年	0.991 610 7	0.991 449 2	0.992 399 7

资料来源：上述结果由笔者通过MATLAB软件程序计算得出。

为了更直观地判断出2000—2018年中国跨境电子商务的发展趋势和相对大小，本文给出了跨境电子商务进出口、跨境电子商务出口、跨境电子商务进口各年发展水平的趋势图（图4-2）。如图所示，2000—2018年，中国跨境电子商务进出口、出口和进口均呈现总体上升趋势，主要在2007年和2014年两个时间段开始有较大幅度的增长，且跨境电子商务出口的总体发展水平一直领先跨境电子商务进口，但几年以来跨境电子商务进口发展速度更快，发展水平不断接近甚至超过了跨境电子商务出口的发展水平。这和前文分析的中国跨境电子商务的发展历程较为符合。中国跨境电子商务虽然最先是从出口开始发展的，但在2013年后，中国跨境电子商务进口市场规模增速迅猛，2015年由于进口税收政策的规范以及部分进口商品关税的降低，跨境电子商务进口呈现爆发式的增长，与此同时，跨境电子商务出口虽然增速有些放缓，但仍保持2位数以上的平稳增长。

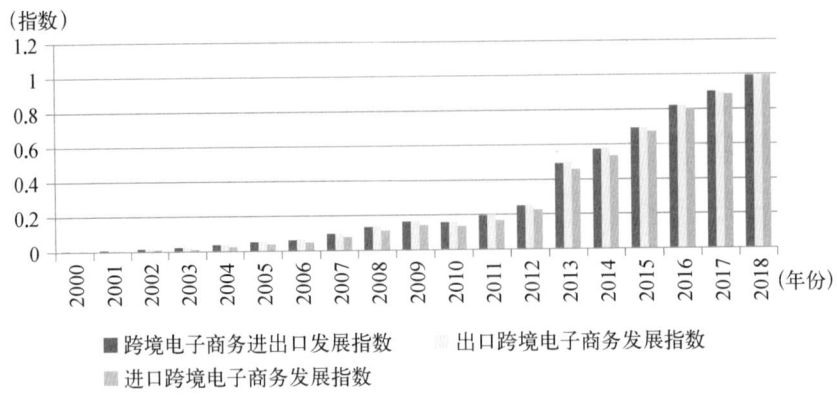

图 4-2　2000—2018 年中国跨境电子商务发展水平趋势

第三节　本 章 小 结

本章借鉴 OECD 和已公布有跨境电子商务官方数据的国家的经验，以 OECD 基于罗杰斯创新扩散理论构建的测度电子商务发展水平的指标体系为理论基础，主要选取我国官方电子商务统计指标和商业研究机构跨境电子商务指标构建了一套跨境电子商务发展水平的综合评价指标体系，测度出 2000—2018 年中国跨境电子商务发展水平，为下文的实证检验提供了主要变量。结果表明，中国跨境电子商务总体保持快速发展趋势，跨境电子商务出口虽领先于跨境电子商务进口发展，但近年来在增速上有被赶超的趋势。这种结果与现实经验判断较为符合，因此，笔者设计的评价体系具有一定的科学性，能够反映中国跨境电子商务的整体发展趋势。

第五章 | 跨境电子商务贸易效应的实证研究

- 第一节　模型构建
- 第二节　计量模型估计与结果分析
- 第三节　本章小结

第五章 | 跨境电子商务贸易效应的实证研究

在前文跨境电子商务与传统进出口贸易的影响理论分析中,得出跨境电子商务的开展既可能通过贸易"去中介化"、提升贸易便利化水平、降低交易成本等促进贸易规模的增长,也可能通过增加贸易风险来增加贸易成本从而对贸易规模产生负面影响;同时,笔者参照OECD构建的电子商务指标体系构建了测度中国跨境电子商务发展水平的指标体系,计算出了2000—2018年中国跨境电子商务进出口、出口、进口的发展水平,为本章的实证分析提供了数据支撑。本章的实证部分主要为验证两个论题:第一,中国跨境电子商务的发展水平对传统进出口贸易究竟是正向的促进作用还是负向的抑制作用;第二,跨境电子商务的这种作用是否存在地区差异,即跨境电子商务的发展水平对不同收入贸易伙伴国(地区)的作用是否一样。

第一节 模型构建

一、理论模型基础

根据本书第二章跨境电子商务对国际贸易影响的传导机制分析,跨境电子商务的发展水平对国际贸易成本具有双向的影响,进而对国际贸易规模的影响也具有双向性:当从事跨境电子商务存在的贸易风险使得贸易成本过大时,$EBCE_{ij}<0$,跨境电子商务的发展对出口产生了负面影响;当贸易去中介化、减少交易成本等对国际贸易成本的降低作用大于贸易风险所带来的成本上升时,即$0<EBCE_{ij}<1$,跨境电子商务的发展将提升出口贸易额。即得出的结论是跨境电子商务的发展并不一定促进

出口贸易额的增长,只有当跨境电子商务发展到一定程度,贸易风险被控制在一个相对较小的范围内,跨境电子商务这一贸易模式才能存在,才会被外贸企业所采纳。所以有必要对中国当前跨境电子商务发展水平及其贸易效应进行相应的实证分析。

根据前文垄断竞争模型分析,我们得到 i 国企业总出口额的大小与跨境电子商务发展水平 $EBCE_{ij}$ 以及每个企业最优出口量(q_{ij})相关(公式2-7),具体公式如下:

$$Q_{ij} = \frac{q_{ij}^3}{(1-\text{EBCE}_{ij})FC_{ij}^{\max}} n_i \qquad (5-1)$$

其中,$q_{ij} = \dfrac{(a_j - c - m_j k D_{ij} + k\sum\limits_{w \neq i} D_{wj})}{m_j + 1}$。 $\qquad (5-2)$

从(5-2)式可以看出,q_{ij} 的大小受出口目的国 j 国总体的市场规模(a_j)、出口目的国市场参与竞争的企业数量(m_j)和贸易双方距离(D_{ij})的影响。其中,出口目的国的市场规模可由国内生产总值(GDP)反映,而出口目的国参与竞争的企业数受到该国生产率的影响,当出口目的国的生产率更高时,i 国能出至 j 国参与市场竞争的企业就会减少,j 国市场中的竞争企业数量可用人均 GDP 来表示。这些相关的因素可用传统引力模型基础方程进行拓展,并放在统一模型框架中展开分析,因此本文对传统引力模型加以拓展进而获得本文的计量模型。

二、引力模型的构建

关于引力模型在国际贸易投资中的应用形式,呈现出各种各样的变化。但大都是在基本的引力方程中添加自己感兴趣的变量,且大部分都会采取双对数模式。引力模型的基本公式为:

$$T_{ij} = k \times \frac{Y_i Y_j}{D_{ij}} \quad (5-3)$$

表示在其他条件不变的情况下,一国向另一国的贸易流动主要和双边国家用GDP衡量的贸易规模成正比,与两国间的距离成反比。其内外逻辑是大的经济体由于收入高,能进口大量的商品,同时大的经济体也可以生产出更多的商品,因而更能满足其他国家的进口需求。故本文在传统的引力模型基础上,添加中国跨境电子商务指数变量(CBEC),来衡量跨境电子商务对进出口贸易的影响。此外,本文还添加有贸易双方国家是否有共同边界、是否有共同语言等虚拟变量来反映,具体的计量模型方程如下:

$$\ln \text{EX}_{ijt} = \alpha_0 + \alpha_1 \ln \text{CBECEX}_{it} + \alpha_2 \ln \text{GDP}_{jt} + \alpha_3 \ln \text{GDPPER}_{jt} \\ + \alpha_4 \ln \text{DIST}_{ij} + \alpha_5 \text{CONTIG}_{ij} + \alpha_6 \ln \text{COMLANG}_{ij} + \varepsilon_{ijt} \quad (5-4)$$

$$\ln \text{IM}_{ijt} = \beta_0 + \beta_1 \ln \text{CBECEIM}_{it} + \beta_2 \ln \text{GDP}_{jt} + \beta_3 \ln \text{GDPPER}_{jt} \\ + \beta_4 \ln \text{DIST}_{ij} + \beta_5 \text{CONTIG}_{ij} + \beta_6 \ln \text{COMLANG}_{ij} + \delta_{ijt} \quad (5-5)$$

模型中下标i表示出口地区,j表示进口地区,t表示年份。

三、数据来源和变量说明

(一)因变量

因变量为中国与全球158个国家和地区的双边贸易数据,分为出口和进口。本文实证研究解释变量采用中国2000—2018年出口和进口的国别数据,与中国有贸易往来的国家和地区从192个增长至231个,再经过数据匹配和处理后,最终保留158个国家和地区的双边贸易数据。中国与 158 个国家和地区的双边贸易数据来自联合国 WTIS(World Integrated Trade Solution)数据库。

(二) 解释变量

解释变量为中国跨境电子商务发展水平指数。在前一章中,本书以 OECD 基于创新扩散理论构建的电子商务发展生命周期模型指标体系为理论基础,构建了测度中国跨境电子商务发展水平的综合评价指标体系,计算出了 2000—2018 年中国跨境电子商务出口、进口的发展水平,为本章的实证分析提供了数据支撑。

(三) 控制变量

控制变量包括贸易伙伴国家的经济规模 GDP、人均 GDP 以及双边距离 DIST,共同边界 CONTIG、共同语言 COMLANG 为虚拟变量。贸易伙伴国家的 GDP 变量、人均 GDP 变量数据来自世界银行 WDI 数据库;双边国家的距离、是否有共同边界、是否有共同的语言数据来自法国 CEPII 数据库,CEPII 中关于距离的数据共有四列,本文选取第二个距离变量贸易双方首都的球面距离放入引力模型[①];关于语言有两个变量 comlang_off、comlang_ethno,前者是伙伴国(地区)的官方语言是否包含了目标国语言,后者便是两国(地区)有 9% 以上的人口使用同一种语言,本文选用了第二种。

(四) 计量方法

本文采用 STATA16 软件进行相关的计量分析。

---

① 资料来源:Notes on CEPII's distances measures.

第二节　计量模型估计与结果分析

一、中国跨境电子商务出口对出口贸易的影响效应

(一) 描述性统计和相关性

本部分选取 2000—2018 年中国对全球 158 个贸易伙伴国(地区)的出口贸易作为自变量进行实证分析,自变量选取跨境电子商务出口发展水平指数,研究跨境电子商务出口指数对在中国出口贸易的作用及影响。下面对主要模型变量进行描述性统计(表 5-1)。

表 5-1　主要变量的描述性统计

变量	样本数	平均值	标准差	最小值	中值	最大值
ln ex	3 002	13.52	2.400	4.392 472	13.718 82	19.767 45
ln cbecex	3 002	−2.10	1.613	−5.601 414	−1.826 622	−0.085 875
ln gdpj	2 910	24.36	2.052	19.368 19	24.158 58	29.456 09
ln gdpperj	2 910	8.44	1.573	4.717 849	8.439 441	11.685 4
ln distcap	3 002	8.96	0.549	6.696 464	8.990 609	9.867 729

计算主要变量的相关系数,从结果(表 5-2)可以看出,本书选择的主要变量之间的最大相关系数为 0.86,而其他相关系数通常低于 0.5。因此,可以认为在主要变量之间不存在多重共线性。

表 5-2 相关系数矩阵

	ln ex	ln cbecex	ln gdpj	ln gdpperj	ln distcap
ln ex	1	0.411	0.86	0.46	-0.265
ln cbecex	0.431	1	0.215	0.212	-0.004
ln gdpj	0.847	0.216	1	0.584	-0.206
ln gdpperj	0.446	0.225	0.578	1	-0.117
ln distcap	-0.283	-0.004	-0.179	-0.08	1

（二）回归过程分析

1. 混合回归和固定效应模型的选取

首先，作为参照系，进行混合回归，结果如下表5-3中模型（1），其基本假设是不存在个体效应。由于中国与其他国（地区）的双边贸易因不同国（地区）的经济状况等条件不同，可能存在不随时间而变的遗漏变量，故考虑使用固定效应模型，回归结果如表中模型（2）。关于应该使用混合回归还是固定效应模型，固定效应回归结果中包含的F检验的 p 值为＜0.0001，在1%显著性水平下拒绝可以使用混合回归的原假设，因此可选取固定效应优于混合回归，应该允许每个贸易伙伴国（地区）拥有自己的截距项。

然而，这个F检验因为未使用聚类稳健标准误差并不有效，因为普通标准误差大约只是聚类文件标准误差的一般。因此，利用LSDV（最小二乘虚拟变量模型）方法来进一步考察，回归结果如下表5-3中模型（3），可以看出大多数国（地区）虚拟变量均很显著（考虑到篇幅该部分结果省略），故可以认为存在个体效应，不应使用混合回归。

2. 个体效应的确定

由于个体效应以两种不同的形态存在（即固定效应和随机效应），

故接下来在(2)和(3)个体固定效应的基础上加入时间固定效应模型,即双向固定效应,结果如下表5-3中(4),结果显示加入的年度虚拟变量均非常显著,故可认为应在模型中加入时间效应,即存在双向固定效应。

3. 混合回归和随机效应的选择

以上结果已基本确认了个体效应的存在,但个体效应仍可能以随机效应的形式存在,故进行随机效应模型,采用FGLS(广义最小二乘法)估计,回归结果如表5-3中模型(6),随后进行LM检验,得到的LM统计量为44.13,p值为<0.0001,结果显示LM检验强烈拒绝"不存在个体随机效应"的原假设,即认为在"随机效应"与"混合回归"之间应该选取"随机效应"。作为对照,本文还对随机效应模型进行MLE估计,结果如下表5-3中模型(6)。

4. 固定效应与随机效应的选择

接下来本文利用Hausman检验来判断究竟是使用固定效应还是随机效应模型,结果显示Hausman检验统计量为14701.74,p值为<0.0001,故拒绝原假设,认为应该使用固定效应而非随机效应。

表5-3 跨境电子商务出口发展水平对出口贸易的影响

因变量	(1) 混合回归	(2) 固定效应模型(组内估计量)	(3) 固定效应模型(LSDV)	(4) 双向固定效应模型	(5) 随机效应 FGLS	(6) 随机效应 MLE
	ln ex	ln ex	ln ex	ln ex	ln ex	ln ex
ln cbecex	0.416*** (23.176)	0.312*** (11.935)	0.312*** (11.592)	0.326*** (12.425)	0.353*** (18.426)	0.350*** (37.626)
ln gdpj	0.965*** (16.848)	1.453*** (5.590)	1.453*** (5.429)	1.476*** (4.951)	1.094*** (16.641)	1.105*** (25.494)

续 表

因变量	(1) 混合回归	(2) 固定效应模型（组内估计量）	(3) 固定效应模型（LSDV）	(4) 双向固定效应模型	(5) 随机效应 FGLS	(6) 随机效应 MLE
	ln ex	ln ex	ln ex	ln ex	ln ex	ln ex
ln gdpperj	−0.172** (−2.230)	−0.315 (−1.159)	−0.315 (−1.126)	−0.633** (−2.026)	−0.058 (−0.701)	−0.058 (−1.207)
ln distcap	−0.320** (−2.411)	<0.001 (—)	−37.321*** (−9.282)	<0.001 (—)	−0.146 (−0.900)	−0.137 (−0.736)
contig	0.531* (1.739)	<0.001 (—)	−36.351*** (−9.346)	<0.001 (—)	0.874** (2.306)	0.886** (2.569)
comlang	1.954*** (—)	<0.001 (—)	−31.243*** (—)	<0.001 (—)	1.647*** (—)	1.640*** (—)
_cons	−4.816*** (−2.773)	−18.507*** (−4.344)	−328.309*** (9.349)	−16.505*** (−3.378)	−10.664*** (−4.745)	−11.002*** (−5.643)
国家效应	—	—	Y	—	—	—
时间效应	—	—	—	Y	—	—
N	2 759	2 759	2 759	2 759	2 759	2 759

注：括号内是 t 值，*、**、*** 分别代表统计显著性为 10%、5%、1%。

（三）总体结果分析

综合分析下来，本书最优是采取双向固定模型（4），但考虑到固定效应模型一般都将不随时间而变化的变量删除，即将双边贸易国（地区）之间的距离以及是否有共同边界、是否有共同语言等变量删除，对比（2）（3）（4）三个固定效应模型，其模型主要变量的符号和都保持一致，考虑到模型（3）有对以上三个不随时间变化的变量估计出回归系数，故本文主要选取模型(3)的估计结果进行展开分析(表5-3)。

1. 跨境电子商务出口的发展水平对中国货物出口规模有明显的正向作用

跨境电子商务出口的发展水平回归系数是正数,且在1%显著性水平下显著,说明跨境电子商务出口发展水平每提高1%,中国对主要出口国(地区)的出口额平均提高0.312%。正如本书第二章中的分析,说明目前阶段我国采取跨境电子商务这种新型贸易形式,因贸易便利化或新型贸易中介带来的交易成本降低效应已超过由于产生新型贸易风险造成的交易成本增加效应。

2. 伙伴国(地区)经济规模对中国传统外贸出口有正向作用

伙伴国(地区)的GDP变量回归系数为正且显著,说明伙伴国(地区)的经济规模越大,对中国的进口商品需求也就越大。

3. 伙伴国(地区)的生产率水平在一定程度上抑制中国出口规模的增长

伙伴国(地区)的人均GDP变量回归系数为负,但不显著,有可能是伙伴国(地区)人均GDP越高,说明其生产率水平较高,生产商品的能力越强,对本地市场的满足度更高,因而一定程度上抑制了对中国商品的进口需求。

4. 贸易伙伴的双边距离仍对出口额产生显著的负向作用

中国与伙伴国(地区)首都之间的距离变量回归系数为负且呈显著,说明加入跨境电子商务变量的作用,距离对双边贸易仍然是显著的负面影响,这与一些学者的"距离消亡"结论不一致。

5. 中国与部分贸易伙伴国(地区)有共同边界的地理优势并未显示在出口贸易规模中

这可能是与中国地理接壤的国家如印度、哈萨克斯坦、吉尔吉斯斯坦、缅甸、蒙古、尼泊尔、巴基斯坦、塔吉克斯坦等大多在中国的西南部,由于山区的地理障碍,陆路交通极为不便,无法充分享受短距离带来的贸易便利。且这些与中国接壤的国家在中国出口市场份额中的比重很小,大多数为发展中国家或不发达国家。

6. 与贸易伙伴国(地区)有共同语言的语言优势也尚未体现在中国大陆(内地)的外贸出口额规模中

与贸易伙伴国(地区)有共同语言这一虚拟变量回归系数为负且呈显著,说明有可能随着中国出口市场的不断拓展,与中国有共同语言的国家(地区)如新加坡、马来西亚,以及中国香港、中国澳门、中国台湾等市场的重要性有所下降;也可能是随着跨境电子商务新型贸易方式的开展,减轻了双边贸易国家在语言项系数方面的重要性;也可能是随着双边贸易合作的加深和有相同语言能力的从业人员的增多,共同语言的优势对出口贸易的促进作用逐渐减弱。与两国的政治关系、文化差异和宗教信仰相比,通用语言不足以取代这些阻碍贸易的因素,语言仅是其中很小的一部分因素。

(四) 按出口目的地不同收入水平分类

根据世界银行 2019 年重新修正的高收入、低收入国家的标准,将人均 GNI(国民总收入)超过 12 375 美元的国家划分为高收入国家,人均 GNI 在 3 996—12 375 美元之间的国家划分为中高收入国家,将人均 GNI 超过 1 026 美元但不超过 3 995 美元的归为中低收入国家;人均 GNI 低于 1 025 美元的国家属于低收入国家。考虑到中国的出口和目的国收入水平有较大的关系,故本书还将总体样本按世界银行收入分类,分为高收入国家、中高收入国家、中低收入国家、低收入国家四大类,本书中这四个子样本所包含的国家数量分别为 79 个、31 个、47 个、60 个。分别进行上述模型的检验,研究跨境电子商务对中国出口贸易额的促进作用是否会因目的国的收入水平而有所差异。经过一系列模型选择的判断,本文最终还是选取最小二乘虚拟变量(Least Squares Dummy Variables,LSDV)

方法的个体固定效应模型,具体回归结果如表5-4。

表5-4 按出口目的地分不同收入样本出口贸易效应的检验结果

	(1) 总体样本	(2) 高收入国家	(3) 中高收入国家	(4) 中低收入国家	(5) 低收入国家
	ln ex	ln ex	ln ex	ln ex	ln ex
ln cbecex	0.312*** (11.592)	0.290*** −4.784	0.359*** −7.687	0.258*** −3.67	0.298*** −4.653
ln gdpj	1.453*** (5.429)	1.444** −2.114	1.167*** −4.506	3.162*** −2.86	1.694*** −3.254
ln gdpperj	−0.315 (−1.126)	−0.315 (−0.443)	−0.081 (−0.327)	−2.017* (−1.835)	−0.542 (−0.913)
ln distcap	−37.321*** (−9.282)	−336.85 (−1.258)	−22.302 (−1.623)	−3.433 (−1.282)	8.579 −1.198
contig	−36.351*** (−9.346)	−599.036 (−1.252)	−14.935* (−1.780)	−7.446 (−1.688)	7.098 −1.201
comlang	−31.243*** —	−163.283 (−1.277)	−11.299 (−1.556)	0 (—)	0 (—)
_cons	328.309*** (9.349)	3 303.959 (1.256)	185.951 185.951	−15.085* (−1.952)	−102.090 (−1.467)
国家效应	Y	N	Y	Y	N
N	2 759	817	696	432	322

注：括号内是 t 值，*、**、*** 分别代表统计显著性为 10%、5%、1%。

与前文出口贸易伙伴国(地区)总体样本回归结果相比,前三个主要变量：跨境电子商务出口水平、贸易伙伴国(地区)的总体经济规模、贸易伙伴国(地区)的人均GDP三个主要变量的回归系数符号均保持一致,显著性也基本保持一致,除了在中低收入国家子样本中贸易伙伴国(地区)

人均GDP变量回归系数显著性由不显著变为显著,说明中低收入国家人均GDP越高,即生产率越高,对中国对其出口的贸易规模抑制性更为明显。后三个自变量双边首都城市距离、是否有共同边界、是否有共同语言的回归系数在高收入、中高收入、中低收入国家三个子样本中均有总体样本符号一致,但部分子样本中显著性会有差异。而在低收入国家这一子样本中,距离变量、有共同边界回归系数均由负变正,但不显著。说明中国对低收入国家的出口规模较少由距离决定,且有共同边界对出口贸易规模有正向促进作用。从回归模型的国家效应来看,总体样本、中高收入国家、中低收入国家均显示不同国家大都具有不同的截距项,即具有国家个体差异效应,但高收入国家和低收入国家个体差异性不明显。

二、中国跨境电子商务进口对进口贸易的影响研究

(一)描述性统计和相关性

本部分选取2000—2018年中国对全球158个贸易伙伴国(地区)的进口贸易作为自变量进行实证分析,自变量选取跨境电子商务进口发展水平指数,研究跨境电子商务进口指数对中国进口贸易的作用及影响。下面对模型的变量进行描述性统计(表5-5)。

表5-5 主要变量的描述性统计

变 量	样本数	平均值	标准差	最小值	中 值	最大值
ln im	3 002	12.31	3.278	−3.218 876	12.469 69	19.136 4
ln cbecim	3 002	−2.34	1.786	−5.719 246	−1.976 782	−0.007 629 3
ln gdpj	2 910	24.36	2.052	19.368 19	24.158 58	29.456 09

续　表

变　量	样本数	平均值	标准差	最小值	中　值	最大值
ln gdpperj	2 910	8.44	1.573	4.717 849	8.439 441	11.685 4
ln distcap	3 002	8.96	0.549	6.696 464	8.990 609	9.867 729
contig	2 844	0.09	0.284	0	0	1
comlang	3 002	0.03	0.157	0	0	1

通过计算进口模型的主要变量的相关系数,如下表5-6。从结果可以看出,本文选择的主要变量之间的最大相关系数为0.815,其他相关系数一般在0.5以下。可以认为该进口模型的主要自量之间没有多重共线性。

表5-6　相关系数矩阵

	ln im	ln cbecim	ln gdpj	ln gdpperj	ln distcap
ln im	1	0.306	0.815	0.478	−0.234
ln cbecim	0.333	1	0.215	0.212	−0.004
ln gdpj	0.799	0.218	1	0.584	−0.206
ln gdpperj	0.453	0.228	0.578	1	−0.117
ln distcap	−0.246	−0.004	−0.179	−0.080	1

(二)总体结果分析

考虑到篇幅对该部分回归结果省略,只给出回归过程主要结果,具体如表5-7所示。根据 HAUSMAN 检验结果,本部分仍然选用固定效应模型。比较模型(1)—模型(6)的回归结果,不同方法的系数估计差别较大。其中固定效应系数估计值与其他估计方法差别最大。混合回归系数和随机效应模型回归系数在符号方面保持一致,在系数显著性方面基本一致。对比(2)(3)(4)三个固定效应模型,其模型主要变量的符号和都保持一致,考虑到模型(3)有对以上三个不随时间变化的变量估计出回归系数,故选用 LSDV(最小二乘虚拟变量模型)方法,可以看出大多数国(地区)虚拟变量均很显著,故可以认为存在个体(国家)效应。

表5-7 中国跨境电子商务进口发展水平对进口贸易的影响

	(1) 混合回归	(2) 固定效应模型(组内估计量)	(3) 固定效应模型(LSDV)	(4) 双向固定效应模型	(5) 随机效应 FGLS	(6) 随机效应 MLE
	(1)	(2)	(3)	(4)	(5)	(6)
	ln im	ln im	ln im	ln im	ln im	ln im
ln cbecim	0.328*** (9.404)	0.409*** (7.902)	0.409*** (7.675)	0.452*** (7.705)	0.365*** (10.137)	0.365*** (20.688)
ln gdpj	1.214*** (14.149)	0.761 (1.549)	0.761 (1.504)	0.826 (1.600)	1.167*** (12.588)	1.167*** (15.931)
ln gdpperj	−0.105 (−1.001)	0.042 (0.084)	0.042 (0.082)	−0.295 (−0.562)	−0.234* (−1.795)	−0.235*** (−2.715)
ln distcap	−0.588* (−1.959)	<0.001 (—)	93.189*** (11.159)	<0.001 (—)	−0.716** (−2.287)	−0.717** (−2.355)
contig	−0.066 (−0.120)	<0.001 (—)	84.223*** (10.424)	<0.001 (—)	−0.362 (−0.608)	−0.363 (−0.639)
comlang	1.557** (2.586)	<0.001 (—)	84.511*** (10.725)	<0.001 (—)	1.878*** (3.292)	1.879** (2.160)
_cons	−10.283*** (−2.817)	−5.539 (−0.673)	−70.577*** (−11.965)	−4.387 (−0.498)	−6.856* (−1.733)	−6.831** (−2.094)

续 表

	(1) 混合回归	(2) 固定效应模型（组内估计量）	(3) 固定效应模型（LSDV）	(4) 双向固定效应模型	(5) 随机效应 FGLS	(6) 随机效应 MLE
	(1)	(2)	(3)	(4)	(5)	(6)
	ln im	ln im	ln im	ln im	ln im	ln im
国家效应	—	—	Y	—	—	—
时间效应	—	—	—	Y	—	—
N	2 759	2 759	2 759	2 759	2 759	2 759

注：括号内是 t 值，*、**、*** 分别代表统计显著性为 10%、5%、1%。

故本文主要选取模型(3)的估计结果进行展开分析。

1. 跨境电子商务进口的发展水平对中国传统货物进口规模有显著的正向作用

跨境电子商务进口的发展水平回归系数是正数，且在 1% 显著性水平下呈显著，说明跨境电子商务进口发展水平每提高 1%，中国对主要进口来源地国（地区）的进口额平均提高 0.409%。跨境电子商务对进口的促进作用略高于出口的促进作用。

2. 进口来源国（地区）经济规模对中国传统外贸进口有正向作用

进口来源国（地区）的 GDP 变量回归系数为正且显著，说明进口来源国（地区）的经济规模越大，其生产水平越高，对中国的出口能力也就越大。

3. 进口来源国（地区）的生产率水平对该地区向中国出口的规模有显著的促进作用

进口来源国（地区）的人均 GDP 变量回归系数为正且十分显著，说明进口来源国（地区）人均 GDP 越高，其生产率水平较高，生产商品的能力越强，越能满足中国市场的进口需求。

4.双边贸易伙伴的距离对进口贸易额产生显著的正向作用

中国与进口来源国(地区)首都之间的距离变量回归系数为正且显著,说明加入跨境电子商务变量的作用,贸易伙伴国(地区)互联网的发展和跨境电子商务新型贸易方式的应用能够在一定程度上弱化地理距离的负面影响,促进中国进口贸易的增长,说明采用了跨境电子商务新型贸易方式后,中国进口贸易受地理距离的负面影响相较出口贸易较小。

5.中国与部分进口来源国(地区)有共同边界的地理优势在进口贸易规模中显著地显现出来

说明和中国与进口来源国(地区)接壤,更容易向该地区进口商品,享受距离较近的贸易便利优势。

6.中国与进口来源国(地区)有共同语言的语言优势在中国的进口贸易规模中显著地显现出来

与进口来源(地区)有共同语言这一虚拟变量回归系数为正且呈显著,说明共同的语言基础在进口贸易中的优势更为明显,中国与新加坡、马来西亚等国(地区)可使用汉语交流,在进口贸易中可以消除更多的贸易障碍。

(三) 按进口来源地不同收入水平分类

同样,考虑到中国的进口来源地收入水平有较大的差异,故本书还将总体样本按世界银行收入分类,分为高收入国家、中高收入国家、中低收入国家、低收入国家四大类来分开检验跨境电子商务进口对中国进口贸易的促进作用是否会因进口来源地的收入水平而有所差异。经过一系列模型选择的判断,本文最终还是选取 LSDV 方法的个体固定效应模型,具体回归结果如表 5-8 所示。

与前文进口来源国(地区)总体样本回归结果相比,四个子样本中,跨境电子商务进口水平回归系数的符号均保持一致,即为正向的促进作用,

表 5-8 按进口来源地分不同收入样本进口贸易效应的检验结果

	(1) 总体样本	(2) 高收入国家	(3) 中高收入国家	(4) 中低收入国家	(5) 低收入国家
	ln im	ln im	ln im	ln im	ln im
ln cbecim	0.409*** (7.675)	0.604*** (5.942)	0.454*** (3.847)	0.217 (1.707)	0.153 (1.198)
ln gdpj	0.761 (1.504)	−0.657 (−0.675)	0.306 (0.443)	5.019 (1.551)	0.414 (0.252)
ln gdpperj	0.042 (0.082)	0.983 (1.049)	0.671 (0.890)	−4.107 (−1.333)	1.984 (1.012)
ln distcap	93.189*** (11.159)	579.606 (1.524)	−151.562*** (−3.784)	−5.408 (−0.703)	32.107 (1.579)
contig	84.223*** (10.424)	1 034.706 (1.523)	−98.714*** (−4.022)	−13.694 (−1.054)	24.424 (1.458)
comlang	84.511*** (10.725)	277.773 (1.527)	−79.702*** (−3.734)	<0.001 (—)	<0.001 (—)
_cons	−870.577*** (−11.965)	−5 694.143 (−1.525)	1 353.983*** (3.680)	−24.465 (−1.356)	−305.595 (−1.570)
国家效应	Y	N	Y	Y	N
N	2 759	817	696	432	322

注：括号内是 t 值，*、**、*** 分别代表统计显著性为 10%、5%、1%。

但只在高收入国家和中高收入国家这一正向促进作用在 1% 显著性水平下显著，在中低收入国家和低收入国家这一进口促进作用并不显著。进口来源国（地区）的总体经济规模这一变量回归系数除高收入国家为负数外,其他三个子样本均与总体样本保持一致,即正向促进作用。进口来源国(地区)的人均 GDP 这一变量的回归系数符号除中低收入国家子样本显示为负数外,其他三个子样本均与总体样本保持一致,即正向促进作用,且均不显著。后 3 个自变量双边首都城市距离、是否有共同边界、是否有共同语言的回归系数在高收入、低收入国家 2 个子样本中均有总体样本符号一致,但部分子样本中显著性会有差异。而在中高收入、中低收入国家这 2 个子样本中,距离变量、有共同边界变量和共同语言变量回归系数均由总体样本的正数变负,且在中高收入子样本中回归系数显著。说明中国对高收入国家、低收入国家的进口规模较少由距离决定,且有共同边界、共同语言对进口贸易规模有正向促进作用,但这些作用在中高收入国家和中低收入国家中正好相反。

三、稳健性检验

考虑到跨境电子商务的发展水平与中国同全球贸易伙伴的双边贸易额之间的关系是本文关注的重点,并且得出不管是对出口还是进口,不管是对高收入国家、中高收入国家还是中低收入国家、低收入国家,跨境电子商务发展水平对贸易的双向流量均有显著的正向促进作用。为了保证通过实证分析得到的结论的可靠性,本文从考虑异常点删除的角度对样本进行了稳健性检验:由于跨境电子商务发展出口和进口水平受跨境电子商务准备度、应用度、影响度等指标体系各个指标的影响,很可能存在异常点,这些异常点可能对本文的结论产生影响。因此本文对跨境电子商务出口指数和跨境电子商务进口指数各进行两边 1% 的缩尾处理,再进行相应的模型检验,其回归结果显示如下(表 5-9、表 5-10)。从结果可以看出,跨境电子商务出口和进口变量的回归系数符号和显著性与基准回归的结果都是一致的,证明了本文认为跨境电子商务对中国双边贸易额均具有正向促进作用的结论是稳健的。

表 5-9 出口贸易稳健性检验（区分不同收入组）

	（1）总体样本	（2）高收入国家	（3）中高收入国家	（4）中低收入国家	（5）低收入国家
	ln ex	ln ex	ln ex	ln ex	ln ex
ln cbecex	0.334*** (14.487)	0.360*** (9.065)	0.358*** (7.463)	0.253*** (3.844)	0.301*** (4.521)
N	2 590	758	669	403	312

表 5-10 进口贸易稳健性检验（区分不同收入组）

	（1）总体样本	（2）高收入国家	（3）中高收入国家	（4）中低收入国家	（5）低收入国家
	ln im	ln im	ln im	ln im	ln im
ln cbecim	0.394*** (8.392)	0.655*** (7.834)	0.366*** (5.133)	0.240** (2.242)	0.138 (1.049)
N	2 591	765	656	398	312

注：括号内是 t 值，*、**、*** 分别代表统计显著性为 10％、5％、1％。

第三节 本 章 小 结

本章在引入引力模型的基础上，运用 STATA 软件实证分析了 2000—2018 年中国跨境电子商务出口和跨境电子商务进口对中国传统货物出口和进口贸易规模的影响，并分别检验了全球 158 个主要贸易伙伴国（地区）分不同收入组的跨境电子商务出口和进口的贸易效应。最后对实证结果进行了相关的稳健性分析。主要结论如下：

第一，中国跨境电子商务发展水平与中国同全球主要贸易伙伴国（地区）的进出口贸易规模呈显著的正相关关系。从出口来看，中国跨境电子商务出口发展水平每提高1%，中国同主要出口目的地国（地区）的出口贸易规模提高0.258%—0.359%，且跨境电子商务这一新型贸易方式的应用，对出口至高收入国家的贸易规模促进作用高于低收入国家。从进口来看，中国跨境电子商务进口发展水平每提高1%，中国同全球主要进口来源国（地区）的贸易规模提高0.153%—0.604%，且跨境电子商务这一新型贸易方式的应用对来自高收入国家的进口贸易的促进作用高于低收入国家。回归结果表明，中国跨境电子商务的发展对中国同全球主要贸易伙伴国（地区）的贸易往来起到了积极的推动作用，但可能由于低收入国家相对高收入国家在ICT基础设施、物流等方面相对落后，跨境电子商务这一新型贸易方式对贸易的促进作用还没有充分发挥。

第二，全球主要贸易伙伴国（地区）的经济规模与中国的双边贸易规模呈显著的正相关关系。从出口来看，全球主要贸易伙伴国（地区）的经济规模每增加1%，中国同主要出口目的国（地区）的贸易规模提高1.167%—3.162%，且相对来说，对低收入出口目的地出口贸易规模的正向促进作用更大；从进口来看，主要进口来源国（地区）的经济规模每提升1%，中国从其进口的贸易规模提高0.306%—5.019%，且对低收入国家而言，当地的经济规模这一变量对中国从其进口的贸易规模促进作用相比高收入国家更大。

第三，全球主要贸易伙伴国（地区）的生产率水平（人均国民生产总值）对中国的双边贸易规模作用方向不同。从出口来看，全球主要贸易伙伴国（地区）的人均国民生产总值每增加1%，中国对其出口的贸易规模下降0.081%—2.017%，且对于低收入国家而言这一负向影响程度更大；从进口来看，全球主要贸易伙伴国（地区）的人均国民生产总值每增加

1%,中国从其进口的贸易规模提高0.042%—1.984%,且对于低收入国家这一变量的系数更大,说明正向促进程度更大。回归结果表明,全球主要贸易伙伴国(地区)的人均国民生产总值能够有效地增加其向中国的出口能力,抑制其从中国进口的需求。

第四,中国同全球主要贸易伙伴国(地区)的国家首都之间的地理距离对中国的双边贸易规模作用方向不同。从出口来看,双边地理距离与中国对其的出口贸易规模大体负相关,表明两国间距离越小,中国对其出口的贸易规模越大;从进口来看,两国间距离与对中国从其进口的规模总体正向相关,其中对高收入国家和低收入国家同样保持正向相关,但对于中高收入国家和中低收入国家而言,距离变量系数为负。传统引力模型的结论是无论出口还是进口,均与双边距离呈负向关系,而本文的回归结果表明,总体样本和高收入、低收入样本中距离变量的负向作用减弱(变为正),可能是随着跨境电子商务这一新型贸易方式的开展突破了从这些地区进口商品的地理距离限制,且中国进口贸易受地理距离的负面影响程度相较出口贸易较小。

第五,中国同全球主要贸易伙伴国(地区)是否具有共同边界对中国的双边贸易规模作用方向不同。中国与部分贸易伙伴国(地区)有共同边界的地理优势并未显现在中国的出口贸易规模中,但在进口贸易中,这一地理优势开始显现,说明中国与进口来源国(地区)接壤,更容易从该地区进口商品,享受距离较近的贸易便利优势。

第六,中国同全球主要贸易伙伴国(地区)是否具有共同的语言对中国的双边贸易规模作用方向不同。与贸易伙伴国(地区)有共同语言的语言优势还尚未体现在中国的外贸出口额规模中,但共同的语言基础在进口贸易中的优势更为明显。

第六章 | 主要结论与政策建议

- 第一节　主要结论
- 第二节　政策建议

第六章 主要结论与政策建议

本章将根据前文的研究成果总结出本书的主要结论,并针对如何更好地发展跨境电子商务以及如何进行跨境电子商务统计与测度提出相关的政策建议。

第一节 主 要 结 论

本书基于跨境电子商务对传统贸易中介理论、交易成本理论、贸易风险理论的继承和发展,进行理论分析和构建数理模型框架,具体阐述跨境电子商务影响国际贸易的传导机制,为后文的实证分析提供理论支撑。随后,本书参考 OECD 等国际组织和已开展跨境电子商务统计测度的国家的做法,在中国现有电子商务官方统计数据、商业研究机构跨境电子商务直接趋势数据基础上,选取合适的指标构建跨境电子商务的综合评价指标体系,对 2000—2018 年中国跨境电子商务进出口、出口、进口发展水平进行了测度,为后文的实证分析提供数据支撑。随后引入传统贸易引力模型并加以拓展构建计量模型,实证分析跨境电子商务的发展对中国与全球货贸易伙伴国(地区)整体以及分不同收入组的双边贸易额的影响,得到以下主要结论。

一、中国跨境电子商务统计与测度体系还不完善

总体来说,中国现有实践层面对跨境电子商务的统计方法各不相同,统计口径和结果也差异巨大。海关总署对跨境电子商务的统计方法较为科学,直接和联网的样本企业通过"三单比对"对真实的交易数据进行汇

总得出,但和海关联网的只有愿意接受监管的平台企业(主要是跨境电子商务进口平台),所涵盖的样本数量并不全面,政府尚未完全将跨境电子商务零售出口纳入统计,造成海关统计的进口额远超出口额,且海关统计数据仅包含跨境零售进出口数据(主要为 B2C 模式),并不涵盖跨境 B2B 模式(该模式才占据主导,以一般贸易模式纳入海关进出口统计),因而海关统计的跨境电子商务零售额不可避免会明显低于商业研究机构的监测数据,并不能真实地反映跨境电子商务的行业现状。国家商务部在官方电子商务报告中发布的数据所采用的测算方法是厂商比例测算法和包裹测算法,在方法上与海关的统计方法有本质差异,但由于抽样企业具有随机性,且对于活跃度较高的广东地区的样本并不多,也并不能全面反映跨境电子商务行业的真实情况,且国家商务部自 2017 年起不再发布估算数据,而是采纳了海关的数据。杭州、广州等跨境电子商务综合试点城市对海关统计开展的试点工作虽然在方法上创新,但仅限于在本地市场应用,可能造成各地的重复统计,也无法反映整个行业的现状,而且其数据尚未形成定期发布渠道。电子商务研究中心、艾瑞咨询等商业研究机构数据虽然定期发布研究报告,但一般都不公布统计方法和统计范围等,所发布数据并不具备权威性,且可能因涉及商业利益倾向于夸大跨境电子商务行业的规模,也不能客观真实地反映行业的总体规模,但因为其统计的时间较长,跨境电子商务出口和进口、B2B 和 B2C 等结构数据较为全面,在反映整体行业发展趋势及结构特点方面仍有其可取性。

二、跨境电子商务的发展对中国双边贸易促进作用明显

中国跨境电子商务发展水平与中国同全球主要贸易伙伴国(地区)的双边贸易规模均呈显著的正向相关关系。且跨境电子商务这一新型贸易方式的应用,对去往高收入国(地区)的出口贸易的促进作用高于低收入

出口目的国(地区),对来自高收入国(地区)的进口贸易的促进作用也明显地高于低收入进口来源国(地区)。主要原因可能是随着中国同全球贸易伙伴国(地区)的经贸合作更加深入,跨境电子商务这一新型贸易方式的作用也逐渐得到应用,并在与高收入国家的双边贸易中应用更广,充分发挥了跨境电子商务在促进国际贸易中得天独厚的优势和积极作用。在按不同收入标准分类的贸易伙伴国(地区)样本中,跨境电子商务对双边贸易促进作用均很显著,这说明在不成熟地区开展跨境电子商务可能会因过多的贸易风险而对贸易带来负面影响,但会被贸易"去中介化"、交易成本降低等带来的贸易成本降低优势所覆盖,跨境电子商务作为一种新型贸易模式确实能够有效提高双边贸易水平,这也在实证层面验证了跨境电子商务对传统进出口贸易的促进作用,必须对跨境电子商务的重要性给予关注。

三、引入跨境电子商务变量后传统引力模型仅部分适用

关于传统贸易引力模型在引入跨境电子商务这一变量后是否仍然适用,本文得出的结论是部分适用。总体样本和不同收入组贸易伙伴国(地区)GDP的回归系数均为正数且基本显著,适用传统引力规则。距离变量对于出口贸易的作用回归系数为负数,说明地理距离所造成的运输成本等仍然是制约中国出口贸易的重要因素;但在进口贸易中,两国间距离扩大对来自中高收入国家和中低收入国家的进口保持负向关系,但对于高收入国家和低收入国家而言,距离变量的负向作用减弱,回归系数变量为正,可能是随着跨境电子商务这一新型贸易方式的开展突破了从这些地区进口商品的地理距离限制。随着跨境电子商务模式的开展和应用的不断深入,由于地理距离所导致的搜寻成本高、文化差异等沟通障碍在跨境电子商务交易中却大幅降低,使得地理距离在进口贸易中的负面效应

显著性下降。这和中国近年来跨境电子商务进口发展迅速的现实情况相符合。

第二节 政 策 建 议

一、关于改进中国跨境电子商务统计与测度的建议

目前,中国跨境电子商务的官方统计方法是海关通过跨境电子商务通关服务平台和企业联网,通过订单、物流单和支付单"三单比对"数据汇总统计,交易数据真实可靠,但并未将跨境零售出口完全纳入统计,造成海关统计数据漏统,影响政府决策和数据应用。而以电子商务研究中心为代表的商业研究机构发布的数据又不够严谨,故从以下几个方面提出改进跨境电子商务的统计与测度工作的建议。

(一) 减少"数出多门",提高数据的权威性和可靠性

1. 建议分为官方数据和研究机构数据

目前中国官方的数据口径是海关发布的验放数据,而跨境电子商务试点城市由国家发改委牵头,跨境电子商务综合试验区是由商务部牵头,各个综合试验区对跨境电子商务的统计标准和方法仍不统一,不同地区的统计数据也会有很大差异。因此建议跨境电子商务的官方数据发布只保留两个:一是海关作为监管部门获取行业总体的数据,二是各跨境电子商务试点城市和跨境电子商务综合试验区统计各地区数据,但必须在全国范围内统一数据口径和统计方法,数据可由各区域定期发布,也可由商务部统一发布数据,但必须明确和落实数据发布的频率和渠道。对于商业研究机构,应规定其发布的数据明确数据来源和统计方法,对其数据

发布加强监督和问责,提高其数据的可靠性。

2. 采取补充调查为主、专项调查为辅的跨境电子商务统计调查体系

对于跨境电子商务的官方统计,最优的方法是通过对供应方——企业进行调查。国际上欧盟和加拿大、日本等发达国家均是在现有电子商务调查基础上增加问题以获取关于跨境销售和跨境购买的信息。中国统计局和商务部关于电子商务的统计与监测体系已逐渐完善,可参考国际组织和发达经济体的主要做法。短期内,可提高国家统计局、商务部现有电子商务统计调查质量,在现有 ICT 和电子商务统计调查中新增几个关于电子商务销售对国内和海外客户的比例的问题,以及关于销售总额对国内和海外客户的比例等问题,获取跨境信息。在中远期,可以设想一个更全面的跨境电子商务模块,包括 B2C 和 B2B 的分解,按照销售目的地所属国家分类,这样可以建立交易矩阵,合并较小的卖家,以及将 C2C 交易平台的跨境成交总额也纳入统计。

一般说来,衡量电子商务的价值需要详细的信息,而这些信息无法通过 ICT 调查补充问题来收集,可能结构性商业调查的框架更适合企业报告电子销售和电子采购价值。同样,将个人网上购物记录作为家庭支出调查的一部分可能更容易,家庭支出调查通常包括每日支出日记。电子商务调查可以作为"居民家庭基本情况统计调查"等国家统计局年度统计调查项目的补充内容或补充调查,同时补充添加关于跨境电子商务价值的问题。由于结构性商业统计调查和住户开支统计调查均纳入国民核算系统,并在各国之间互相协调,因此国际组织可在发展这些统计调查以搜集有关(跨境)电子商务价值的更佳资料方面,担当重要角色。

3. 将物流、支付等私营部门跨境电子商务相关数据作为重要补充

私有大数据来源(例如,快递、银行、信用卡公司等)提供了关于调查问卷效率较低领域的视角。例如,企业尤其是个人在网上购物时通常会忽略卖家的位置,这一问题在网上平台上变得更加复杂。私人来源的数

据可能成为官方的、基于调查的统计数据的有用补充。如经济合作与发展组织与西班牙对外银行的合作，其中对西班牙对外银行客户信用卡交易的分析，为了解消费者在线消费模式和国内及跨境支出流动的决定因素提供了新颖的见解（经济合作与发展组织，2019）①。

（二）完善统计方法，提高统计数据的科学性

1. 进一步完善海关统计方法

对于海关总署作为监管部门开展工作的角度而言，通过"三单比对"获得真实的交易数据，确实有利于加强对企业的监管，降低行业风险，但也给企业带来了负担。且"三单比对"难以覆盖全部市场的交易现状，对海淘代购等渠道未能实施有效监管，造成大量跨境 B2C 交易仍游离于监管之外，且跨境 B2C 交易中遇到出口退税和收款结汇难题仍未解决，企业仍无动力将其"阳光化"运作，造成统计规模偏小。未来，海关可进一步完善统计方法，通过信息化系统数据平台，自动采集信息，实现自动征税，并对企业申报规则进行优化，尽快实现自动申报，改被动申报为主动征收。推动快件清单（运单）、跨境电子商务申报主体实行代理报检或自理报检等制度。海关还应积极推动跨部门信息共享应用，加强与邮政部门、外汇部门的数据比对工作，确保统计数据的准确性。

2. 改善跨境电子商务试点和综合试验区统计质量

一些综合试验区和试点城市在发展跨境电子商务过程中，对统计工作的重视度和创新动能不足。目前仅有杭州、广州等少量综合试验区通过对跨境电子商务通关加注"DS"标识等实现通关手续优化，提高跨境电子商务的通关效率，很多综合试验区尚未有实质性的创新举措。由于各

---

① OECD(2019), "BBVA big data on online credit card transactions and the patterns of domestic and cross-border e-commerce in Spain. An analysis based on the gravity model of trade", *OECD Digital Economy Papers*, OECD Publishing, Paris, forthcoming.

第六章 | 主要结论与政策建议

个综合试验区和试点城市各自关注的重点和发展方向不尽相同,应鼓励其尽量真实统计数据,反映本地的发展情况,通过问卷调查、案例研究等重点了解跨境电子商务企业对本地经济的贡献度以及发展中存在的问题等。

3. 鼓励商业研究机构以行业动态为主

对于商业研究机构,应鼓励其利用自身贴近企业、掌握行业前沿等优势,重点开展行业动态研究工作,对行业的特点和企业遇到的困难等进行分析,结合商业案例等真实反映行业的前沿趋势,并对行业发展趋势作出预测和判断。关于数据统计和监测则应作为辅助工作,鼓励其利用官方的统计数据开展相关研究。

二、关于推动中国跨境电子商务发展的建议

(一) 提高跨境电子商务的发展水平

跨境电子商务的快速发展对国家、企业和消费者等都产生了不可忽视的作用,具有巨大的社会价值。因此,中国应继续推动"互联网+外贸"发展,推动跨境电子商务对国际贸易的促进作用充分发挥,鼓励外贸企业加大跨境电子商务的应用力度,同时可适当激发与全球收入较低的贸易伙伴国(地区)开展贸易合作的企业的积极性,充分发掘这些市场的贸易增长潜力,将跨境电子商务打造成为新的贸易增长点和新动能。特别是在当前复杂的国际贸易形势下,跨境电子商务的健康发展,不仅有助于扩大贸易主体、拓展贸易渠道、降低贸易成本,还能营造健康的市场竞争环境、推动产业和进出口贸易转型升级,重塑中国在全球价值链、产业链和贸易链中的地位,推动中国从贸易大国逐步迈向贸易强国。

(二) 注重各地区跨境电子商务平衡发展

中国跨境电子商务在各个地区的发展水平差异较大,尤其是中西部

地区的企业对跨境电子商务这一新型贸易方式的应用还有很大的提升空间。鼓励中国各地区积极引导内外贸企业开展跨境电子商务，培育集聚跨境电子商务经营主体，建成一批各具特色的跨境电子商务产业园区，形成良好的跨境电子商务发展环境，打造完整的跨境电子商务产业链和生态圈。在出台支持政策时应向中西部地区予以倾斜，尤其是在跨境电子商务的准备度方面，如ICT基础设施、互联网普及水平等方面加大政策支持力度。同时在开展跨境电子商务试点及跨境电子商务综合试验区建设时，要切实评估各项试点政策落实的情况，及时发现问题、解决问题，避免让各项试点政策流于形式。

（三）大力降低贸易风险

在提高跨境电子商务发展水平的过程中，鼓励和扶持企业加大信息技术的应用，积极防范信用、法律和技术等贸易风险。大力推进跨境电子商务平台与海关网络系统的对接，加强对跨境电子商务的监管力度。鼓励各地区加快对国际贸易理论和实践的熟悉以及互联网相关ICT技术的跨学科人才的培养，为跨境电子商务提供良好的发展环境和人才支撑。加大跨境电子商务技术研发投入，促进海关、银行、外汇、保险等多部门之间的合作交流，提高网购平台、网络支付的便利性与安全性。

参 考 文 献

[1] Cardona M & Martens B. Supply-side barriers to cross-border E-commerce in the EU digital single market[J]. Social Science Electronic Publishing, 2014.

[2] Cardona M, Duch-Brown N & Martens B. Consumer perceptions of cross-border E-commerce e in the EU digital single market[J]. Social Science Electronic Publishing, 2015, 27: 195-202.

[3] Heikkurinen M, Appleton O, Urciuoli L, et al. Federated ICT for global supply chains: IT service management in cross-border trade[C]//Integrated Network Management (IM 2013), 2013 IFIP/IEEE International Symposium on. IEEE, 2013: 1268-1275.

[4] Hsiao Y H, Chen M C & Liao W C. Logistics service design for cross-border E-commerce using Kansei engineering with text-mining-based online content analysis [J]. Telematics and Informatics, 2016, 34(4): 283-302.

[5] Chan B. & Al-Hawamdeh S. The development of E-commerce in Singapore: The impact of government initiatives[J]. Business Process Management Journal, 2002, 8(3): 278-288.

[6] Proctor C H, Merta I G S & Sondita M F A, et al. A review of Indonesia's Indian Ocean tuna fisheries[J]. Csiro Marine Research, 2003.

[7] Hwang W, Jung H S & Salvendy G. Internationalisation of E-commerce: a comparison of online shopping preferences among Korean, Turkish and US populations[J]. Behaviour & Information Technology, 2006, 25(1): 3-18.

[8] Clayton T & Criscuolo C. Electronic commerce and business change[J]. Economic Trends, 2009, 583: 62-69.

[9] Davis T. E-commerce measurements and analysis[J]. Statistical Journal of the United Nations Economic Commission for Europe, 2003, 20(34): 289-301.

[10] Gomez-Herrera E, Martens B & Turlea G. The drivers and impediments for cross-

border E-commerce in the EU[J]. Information Economics and Policy, 2014, 28: 83 - 96.

[11] Asosheh A, Shahidi-Nejad H & Khodkari H. A model of a localized cross-border E-commerce[J]. Ibusiness, 2012, 4(02): 136.

[12] Spulber D F. Market microstructure and intermediation[J]. Journal of Economic Perspectives, 1996, 10(3): 135 - 152.

[13] Wei S J. Intra-National versus international trade: how stubborn are nations in global integration? [R]. National Bureau of Economic Research, Working Paper, 1996, No.5531.

[14] Bernard A B, Jensen J B, Redding S J, et al. Wholesalers and retailers in US trade[J]. American Economic Review(2), 2010: 408 - 413.

[15] Fryges H. The change of sales modes in international markets: empirical results for German and British high-tech firms[J]. Zew Discussion Papers, 2005, 1(4): 141 - 190.

[16] Feenstra R C & Hanson G H. Intermediaries in entrepot trade: Hong Kong re-exports of Chinese goods[J]. Journal of Economics & Management Strategy, 2004, 13(1): 3 - 35.

[17] Malone T W. Modeling coordination in organizations and markets[J]. Management Science, 1987, 33(10): 1317 - 1332.

[18] Hoffman D L, Novak T P & Chatterjee P. Commercial Scenarios for the Web: Opportunities and Challenges[J]. Journal of Computer-mediated Communication, 1995, 1(3): JCMC136.

[19] Benjamin R & Wigand R. Electronic markets and virtual value chains on the information superhighway[J]. Sloan Management Review, 1995, 36(2): 62 - 72.

[20] Anderson P & Anderson E. The new E-commerce intermediaries[J]. MIT Sloan Management Review, 2002, 43(4): 53 - 62.

[21] Cho H & Tansuhaj P S. Electronic intermediaries: research and practice of electronic intermediaries in export marketing[J]. Innovative Marketing, 2011, 7(3): 40 - 51.

参 考 文 献

[22] Bakos Y. The emerging role of electronic marketplaces on the internet[J]. Communications of the ACM, 1998, 41(8): 35-42.

[23] Olsson R, Gadde L E & Hulthen K. The changing role of Middlemen-Strategic Responses to distribution dynamics[J]. Industrial Marketing Management, 2013, 42(7): 1131-1140.

[24] Blum B S & Goldfarb A. Does the internet defy the law of Gravity? [J]. Journal of International Economics, 2006, 70(2): 384-405.

[25] Disdier A C & Head K. The puzzling persistence of the distance effect on bilateral trade[J]. The Review of Economics and Statistics, 2008, 90(1): 37-48.

[26] Freund C L & Weinhold D. The effect of the internet on international trade[J]. Journal of International Economics, 2004, 62(1): 171-189.

[27] Choi C. The effect of the internet on service trade[J]. Economics Letters, 2010, 109(2): 102-104.

[28] Hortaçsu A, Martínez-Jerez F & Douglas J. The geography of trade in online transactions: evidence from eBay and mercadolibre[J]. American Economic Journal: Microeconomics, 2009, 1(1): 53-74.

[29] Lendle A, Olarreaga M, Schropp S & Vezina P-L. There goes Gravity: how eBay reduces trade costs[J]. Social Science Electronic Publishing, 2012.

[30] Cowgill B & Dorobantu C. Gravity and borders in online commerce: results from Google, 2012.

[31] Gómez-Herrera E. Comparing alternative methods to estimate gravity models of bilateral trade[J]. Empirical Economics, 2013, 44(3): 1087-1111.

[32] Pantea S & Martens B. The value of the Internet for consumers[J]. SSRN Electronic Journal, 2014.

[33] Alaveras G & Martens B. International trade in online services[J]. JRC Working Papers on Digital Economy, 2015.

[34] Lendle A, Olarreaga M, Schropp S & Vézina P L. There goes gravity: eBay and the death of distance[J]. The Economic Journal, 2016, 126(591): 406-441.

[35] Kim T Y, Dekker R & Heij C. Cross-border electronic commerce: Distance effects and express delivery in European Union markets[J]. International Journal of Electronic Commerce, 2017, 21(2): 184-218.

[36] Martens B. What does economic research tell us about cross-border e-commerce in the EU Digital Single Market? A summary of recent research[J]. Institute for Prospective Technological Studies, Digital Economy Working Paper No.5, 2013.

[37] 王外连,王明宇,刘淑贞.中国跨境电子商务的现状分析及建议[J].电子商务,2013(09):23-24.

[38] 鄂立彬,黄永稳.国际贸易新方式:跨境电子商务的最新研究[J].东北财经大学学报,2014(02):22-31.

[39] 杨坚争,郑碧霞,杨立钒.基于因子分析的跨境电子商务评价指标体系研究[J].财贸经济,2014(09):94-102.

[40] 庞燕.跨境电商环境下国际物流模式研究[J].中国流通经济,2015(10):15-20.

[41] 张夏恒,马天山.中国跨境电商物流困境及对策建议[J].当代经济管理,2015,37(05):51-54.

[42] 梁利民.跨境电子商务支付问题研究[J].金融经济,2016(16):95-96.

[43] 贾怀勤,王海涛.对建立我国电子商务统计的思考[J].中国统计,2008(08):47-49.

[44] 刘跃,王文庆.区域电子商务发展指数的重构及实证分析[J].科学学与科学技术管理,2009,30(07):144-147.

[45] 杨正贵.电子商务发展应用度统计指标体系研究[D].对外经济贸易大学产业经济学,2011.

[46] 任今方.区域电子商务发展水平测度方法研究与实证[J].兰州教育学院学报,2013,29(10):48-51.

[47] 魏建良,谢阳群.电子商务水平测度理论评述[J].情报杂志,2006(02):91-93.

[48] 叶琼伟,聂秋云.电子商务发展水平测度指标体系构建及其对我国服务业影响的实证研究[J].电子商务,2013(11):28-29.

[49] 王东峰.基于灰色关联度的电子商务交易额影响因素分析[J].郑州航空工业管理

参 考 文 献

学院学报,2014,32(06):53-56.

[50] 孙景蔚,魏珂.我国电子商务交易额影响因素的实证分析——基于中国 2003—2015 年数据的实证分析[J].生产力研究,2016(11):27-29.

[51] 申静,耿瑞利,谷明.中国 B2B 电子商务业的服务创新能力评价[J].情报科学,2016,34(02):3-8.

[52] 熊励,赵露,孙文灿,陈朋.跨境电子商务评价体系与实证研究[J].电子商务,2016(07):25-27.

[53] 赵志田.制造企业跨境电子商务价值创造机理分析与实证检验[J].中国流通经济,2017,31(08):57-64.

[54] 苏为华,王玉颖.我国跨境电子商务综试区发展水平的统计测度[J].商业经济与管理,2017(06):13-22.

[55] 李佳佳.中国跨境电子商务物流市场规模预测研究[D].山西大学,2017.

[56] 张夏恒,陈怡欣.中国跨境电商综合试验区运行绩效评价[J].中国流通经济,2019,33(09):73-82.

[57] 王赛男.跨境电子商务发展水平对中国进口贸易的影响研究[D].江西财经大学,2019.

[58] 李骏阳.电子商务对贸易发展影响的机制研究[J].商业经济与管理,2014(11):5-11.

[59] 亢洞.跨境电商对传统国际贸易的影响[J].商场现代化,2015(16):1-2.

[60] 樊文静.跨境电子商务发展与我国对外贸易模式转型[J].对外经贸,2015(01):4-7.

[61] 陈希,沈玉良,彭羽.关于跨境电子商务的贸易便利化改革思考[J].国际贸易,2016(09):23-27.

[62] 程静璇.中国-东盟跨境电子商务贸易问题浅析[J].法制与经济,2017(01):33-36.

[63] 刘灿亮.基于跨境电商视角的我国贸易结构创新优化策略研究[J].商业经济研究,2018(09):142-144.

[64] 李子,杨坚争.跨境电子商务对进出口贸易影响的实证分析[J].中国发展,2014,14(05):37-42.

[65] 茹玉骢,李燕.电子商务与中国企业出口行为:基于世界银行微观数据的分析[J].

国际贸易问题,2014(12):3-13.

[66] 常成.跨境电子商务与贸易增长的互动关系研究[D].沈阳工业大学,2015.

[67] 温珺,王健,尤宏兵.电子商务能否促进外贸增长——来自我国的证据[J].国际贸易问题,2015(06):43-52.

[68] 李柏杏,潘开灵.跨境电子商务对我国进出口贸易影响的实证分析[J].商业经济研究,2016(23):132-134.

[69] 许统生,杨颖,陈雅.中国电子商务发展对出口的动态效应分析——来自"一带一路"沿线国家的证据[J].当代财经,2016(12):85-98.

[70] 梁利培.跨境电子商务与贸易增长的互动发展[J].商业经济研究,2016(16):144-146.

[71] 冯然,申明浩.电子商务的贸易替代效应和贸易创造效应研究——基于美国零售行业的实证数据[J].国际商务(对外经济贸易大学学报),2017(03):138-148.

[72] 田文,王超男.跨境电商对华商网络贸易的效应分析[J].南京审计大学学报,2018,15(01):35-45.

[73] 岳云嵩,李兵.电子商务平台应用与中国制造业企业出口绩效——基于"阿里巴巴"大数据的经验研究[J].中国工业经济,2018(08):97-115.

[74] 柴利,何若然.基于VAR模型的我国跨境电商与对外贸易互动效应分析[J].乌鲁木齐职业大学学报,2019,28(01):14-20.

[75] 刘贤锋,周欣星,黄远云,李霄.基于PVAR的跨境电子商务、进出口贸易与经济增长互动机制研究[J].商业经济研究,2019(22):166-169.

[76] 颜谢霞.出口跨境电商对我国进出口贸易影响实证研究——基于B2B模式和网络零售模式的比较[J].商业经济研究,2019(15):136-139.

[77] 肖菲.跨境电商经济驱动因素研究——基于面板Logistic模型的分析[J].上海商学院学报,2019,20(01):85-91.

[78] 马述忠,房超,张洪胜.跨境电商能否突破地理距离的限制[J].财贸经济,2019,40(08):116-131.

[79] 张翠娟.对外贸易增长与跨境电子商务的联动性探讨[J].商业经济研究,2017(08):127-129.

图书在版编目(CIP)数据

跨境电子商务发展水平测度及贸易效应研究 / 廖璇著. — 上海：上海社会科学院出版社，2024
ISBN 978 - 7 - 5520 - 4388 - 4

Ⅰ.①跨⋯ Ⅱ.①廖⋯ Ⅲ.①电子商务—研究—中国②国际贸易—研究—中国 Ⅳ.①F724.6②F752

中国国家版本馆 CIP 数据核字(2024)第 094214 号

跨境电子商务发展水平测度及贸易效应研究

著　　者：廖　璇
责任编辑：孙宇昕　熊　艳
封面设计：黄婧昉
出版发行：上海社会科学院出版社
　　　　　上海顺昌路 622 号　邮编 200025
　　　　　电话总机 021 - 63315947　销售热线 021 - 53063735
　　　　　https://cbs.sass.org.cn　E-mail:sassp@sassp.cn
照　　排：南京展望文化发展有限公司
印　　刷：上海盛通时代印刷有限公司
开　　本：710 毫米×1010 毫米　1/16
印　　张：14.25
插　　页：1
字　　数：190 千
版　　次：2024 年 6 月第 1 版　2024 年 6 月第 1 次印刷

ISBN 978 - 7 - 5520 - 4388 - 4/F • 770　　　　　定价：88.00 元

版权所有　翻印必究